Czas na czasownik

ĆWICZENIA GRAMATYCZNE

JĘZYK POLSKI DLA CUDZOZIEMCÓW

SERIA POD REDAKCJĄ
WŁADYSŁAWA MIODUNKI

KATEDRA JĘZYKA POLSKIEGO JAKO OBCEGO
UNIWERSYTETU JAGIELLOŃSKIEGO

ĆWICZENIA GRAMATYCZNE

poziom
średni ogólny
B2

Piotr Garncarek

Czas na czasownik

Kraków

ISBN 97883-242-1279-8
TAiWPN UNIVERSITAS

Recenzent
Anna Dąbrowska
Profesor Uniwersytetu Wrocławskiego

Rysunki
Andrzej Piątkowski

Projekt okładki i stron tytułowych
Ewa Gray

www.universitas.com.pl

SPIS TREŚCI

WSTĘP

Czasownik jest tą częścią mowy, której uczący się języka polskiego cudzoziemiec poświęca uwagę od pierwszej lekcji po ostatnią. Początkowa łatwość tej nauki, wynikająca z faktu, że należy poznać jedynie cztery koniugacje i trzy czasy, szybko ustępuje miejsca zawiłościom aspektu. Okazuje się, że wyrażanie czynności osadzonych w czasie jest w tym języku niebywale złożone i różnorodne. Na domiar tego, pojawia się sfera metajęzyka, natrętna obecność skojarzeń metaforycznych, tak przecież dalekich od jednoznaczności. Wszystko to zakłóca pożądany w gramatyce ład i uniemożliwia chociażby przyporządkowanie konkretnych znaczeń konkretnym prefiksom czasownikowym.

Dziś trudno wyobrazić sobie podręcznik do nauki języka polskiego jako obcego pozbawiony obszernych omówień, ćwiczeń i przykładów, poświęconych właśnie czasownikowi. Najczęściej bywa to jednak ujęcie fleksyjne, trochę zapominające o słowotwórstwie i składni.

Czas na czasownik to materiały pomocnicze napisane z myślą o cudzoziemcach, których stopień zaawansowania jest zróżnicowany i którym praca z podręcznikiem kursowym, w jego klasycznej formule, wydaje się albo monotonna, albo zbyt konwencjonalna. Pomyślano tu również o koleżankach i kolegach lektorach, skazanych w swojej pracy zawodowej na bezustanne poszukiwanie lub preparowanie materiałów dydaktycznych.

Wybór, bo tak należałoby traktować tę pracę, składa się z trzydziestu pięciu jednostek. Każda z nich zawiera tekst, ćwiczenia i klucz do nich, umieszczony na końcu książki. Dobór jednostek został podyktowany tak osobistym doświadczeniem lektorskim autora, jak i wnioskami dającymi wyciągnąć się z lektury dwóch fundamentalnych opracowań: *Gramatyki języka polskiego dla cudzoziemców* Barbary Bartnickiej i Haliny Satkiewicz (Warszawa 1990) oraz *Gramatyki języka polskiego dla cudzoziemców* Zofii Kalety (Kraków 1995).

Ze zrozumiałych względów najwięcej uwagi poświęcono zagadnieniom związanym z aspektem czasownika, a więc tej problematyce, która jest prawdziwą przeszkodą w opanowaniu polszczyzny. Każdy z prefiksów czasownikowych został opracowany indywidualnie, tak, by ułatwić zrozumienie jego „charakteru".

Teksty, stanowiące materiał wyjściowy dla przyswojenia poszczególnych zagadnień, spreparowano w ten sposób, by czytający mógł skupić się wyłącznie na owych zagadnieniach, co powinno ułatwić ich opanowanie. Same teksty nie są ze sobą powiązane, a więc opowiadane w nich historie nie układają się w całość. Autor starał się natomiast, by nasycić je typowymi dla danych zagadnień gramatycznych formami składniowymi i związkami frazeologicznymi.

Tematyka opowiadań jest często kontrowersyjna, wręcz prowokująca. Prawie zawsze ich bohaterowie są nosicielami nie najlepszych cech, czy wręcz złymi ludźmi. To świadomy zamysł! Postacie stają się przez to mniej typowe dla „podręcznikowej rzeczywistości". Ich zachowanie budzi sprzeciw lub chęć komentarza. Prowokuje do językowej aktywności. I o nic więcej tu nie chodzi! Publikacja ta nie lansuje negatywnego wzorca Polaka. Tak zresztą, jak nie lansują wzorca pozytywnego klasyczne podręczniki.

Język opowiadań jest, czy tylko bywa, kolokwialny, a więc w pewnym sensie przemijający. Dziś to jednak język żywy. Jutro, może pojutrze, powstaną dziesiątki nowych podręczników i materiałów.

Odrębnym, ale równie ważnym zamysłem było zaprezentowanie pewnego kontekstu kulturowego, bez którego współczesne nauczanie języka nie powinno funkcjonować. Nie należy jednak doszukiwać się w tej publikacji wielu treści kultury wysokiej, artystycznej. Bardziej bowiem wyeksponowano w niej sferę realioznawczą.

Chciałbym podziękować pani prof. Annie Dąbrowskiej z Uniwersytetu Wrocławskiego, panu prof. Władysławowi Miodunce z Uniwersytetu Jagiellońskiego w Krakowie, oraz panu prof. Stanisławowi Dubiszowi z Uniwersytetu Warszawskiego, bez których pomocy, życzliwości i rad mój *Czas na czasownik* nigdy by nie nadszedł.

Autor

Dzień pana Adama

1

Codziennie rano wstaję bardzo wcześnie. Szybko gimnastykuję się i myję. Później piję kawę z mlekiem lub ze śmietanką. Całuję żonę i idę do biura. Kiedy jest zła pogoda, jadę autobusem lub tramwajem. Chętnie obserwuję ludzi, którzy podróżują razem ze mną.

Pracuję dużo. Piszę listy i telefonuję. Czasem dyskutuję z dyrektorem. Wtedy śmiejemy się i żartujemy. Razem planujemy pracę i razem kierujemy biurem. Pan dyrektor bardzo mnie szanuje.

Dlaczego więc nie czuję się dobrze? Dlaczego tak szybko się denerwuję? Może brakuje mi urlopu? Chyba żyję za monotonnie. Już tak dłużej nie mogę. Potrzebuję słońca, spokoju, śpiewu ptaków.

ĆWICZENIA

1

Proszę odpowiedzieć na pytania dotyczące tekstu.

1. Co pan Adam robi codziennie rano?
2. Kiedy pan Adam jedzie autobusem lub tramwajem?
3. Co pan Adam robi w biurze?
4. Z kim pan Adam dyskutuje?
5. Czy życie pana Adama jest monotonne?
6. Czego potrzebuje pan Adam?
7. Czy pan Adam jest dyrektorem?

2

Wyrazy w nawiasach proszę podać w odpowiednich formach.
WZÓR: (pisać) – *piszę*

1. Anna zawsze (kąpać się) .... dwa razy dziennie.
2. Czy to (płakać) .... moje dzieci?
3. Adam i Marek (kupować) .... tylko mleko.
4. Czy ty (pić) .... kawę, czy herbatę?
5. Polacy chętnie (całować) .... kobiety po rękach.
6. Nie tylko wy (denerwować się) .... przed egzaminem.
7. Ja chętnie (dyskutować) .... z bratem.
8. Anna i ja często (gotować) .... razem.
9. Ile lat (pracować) .... pan w naszej firmie?
10. Adam codziennie (telefonować) .... do Anny.

3

Wyrazy w nawiasach proszę podać w odpowiednich formach.
WZÓR: (kłaść) – *kładę*

1. Czy są wszyscy? Nie, (brakować) .... Anny.
2. Ja nie mogę tego jeść. A ty (móc) ....?
3. Jutro my (pomóc) .... wam, a wy (pomóc) .... nam.
4. Moja mama i babcia (piec) .... doskonałe pączki.
5. Ja nie (jechać) .... do Lublina. Może Ewa (jechać) ....

6. Teraz ja już (iść) .... do domu. A on niech sobie (iść)............................. dokąd chce, nawet do diabła.
7. Co (żreć) .... twój pies?
8. Chyba wszyscy mężczyźni (kląć) ....
Ja raczej nie (kląć) ....
9. Jesteś kobietą, której ja nie (pojąć) ....
10. Punktualnie o ósmej rano Edward już (pracować) ....

4

Proszę uzupełnić zdania podanymi niżej czasownikami w odpowiednich formach: *tłuc, uciec, strzyc, ciąć, zapiąć, wrzeć, drzeć, dąć.*

1. Dwa razy w miesiącu jestem u fryzjera i .... włosy.
2. Chyba wiesz, w jakiej temperaturze .... woda.
3. Pogoda jest ładna, ale .... silny wiatr.
4. My .... talerze nie tylko na szczęście.
5. Jest zimno, dlatego Ewa .... szybko kurtkę.
6. Koty zawsze ...., kiedy widzą mojego psa.
7. Adam najpierw pisze list do Anny. Później .... nerwowo kartkę papieru, na której go napisał. I kawałki wyrzuca do kosza.
8. Ten nóż jest tak ostry, że .... praktycznie wszystko.

5

Proszę wybrać odpowiednią formę czasownika.

1. Tylko Janek (śmieję, śmieje, śmiejesz) .... się z tego, co mówisz.
2. Polacy chętnie (dyskutujemy, dyskutujecie, dyskutują) .... o polityce i sporcie.
3. To nieprawda, że ja do ciebie nigdy nie (telefonujesz, telefonuję, telefonuje) ....
4. Dzisiaj kobiety już raczej nie (pieczecie, pieczemy, pieką) .... ciast, ale je (kupujesz, kupują, kupujemy) ....
5. Nie wiem, dlaczego w Polsce mężczyźni (żyjemy, żyją, żyjesz) .... krócej niż kobiety.
6. Anno, dlaczego (czeszę, czeszesz, czesze) .... włosy moim grzebieniem?
7. Adam, jak wszyscy sportowcy, (pragnie, pragnę, pragniesz)......... .... uczestniczyć w igrzyskach olimpijskich.

8. Czy wy jeszcze (korespondujesz, korespondujecie, korespondujemy) .... z tym Anglikiem?
9. Kiedy idę na spacer, mój pies (biegnę, biegniemy, biegnie) .... obok mnie.
10. Ty Adamie (żyje, żyjesz, żyjemy) .... ponad stan. My tak nie (żyję, żyjemy, żyjecie) ....

6

Proszę wybrać odpowiedni czasownik i podać go we właściwej formie gramatycznej.

WZÓR: Anna regularnie (pisać, czytać, rysować) listy do Adama.
Anna regularnie *pisze* listy do Adama.

1. Adam jutro (jechać, wiedzieć, pracować) .... do Krakowa.
2. Moi rodzice chętnie (chcieć, jeść, jechać) .... kolację w restauracji.
3. Ci ludzie już drugi rok nigdzie nie (pracować, potrzebować, brakować) ....
4. Jesteś zdenerwowany, więc ja niechętnie z tobą (obserwować, telefonować, żartować) ....
5. Czy to jest tylko polski zwyczaj, że mężczyźni (całować, gotować, denerwować) .... kobiety w rękę?
6. Nie rozumiem dlaczego Adam i Marek (rezygnować, studiować, obserwować) .... matematykę i chemię jednocześnie.
7. Na północy (rwać, wiać, zwać) .... silne wiatry.
8. Nasi koledzy zawsze raz w roku (jechać, uciec, biec) .... na długi wypoczynek w góry.
9. My rzadko (nieść, kłaść, moknąć) .... się spać przed północą.

7

Podane w tabeli czasowniki proszę ułożyć według znaczeń.

WZÓR: dyskutować – *mówić, opowiadać, rozmawiać*

1. obserwować – ....
2. płakać – ....
3. spacerować – ....
4. psuć – ....
5. pilnować – ....

6. myć – ....

7. wychowywać – ....

uczyć, kąpać, iść, biec, strzec, demolować, czyścić, lamentować, widzieć, kształcić, chodzić, chronić, łkać, szkolić, niszczyć, szlochać, opiekować się, płukać, dewastować, patrzeć, oglądać

8

Wyrazy w nawiasach proszę podać w odpowiednich formach.

WZÓR: (moknąć) – *moknę*

1. (ja) Codziennie rano (wstawać) bardzo wcześnie.
2. (ja) Szybko (myć się) i (gimnastykować).
3. (ja) Później (pić) kawę z mlekiem lub ze śmietanką.
4. (ja) (całować) żonę i (iść) do biura.
5. (ja) Kiedy jest zła pogoda, (jechać) autobusem lub tramwajem.
6. (ja, oni) Chętnie (obserwować) ludzi, którzy (podróżować) razem ze mną.
7. (ja) (pracować) dużo.
8. (ja) (pisać) listy i (telefonować).
9. (ja) Czasem (dyskutować) z dyrektorem.
10. (my) Wtedy (śmiać się) i (żartować).
11. (my) Razem (planować) i razem (kierować) biurem.
12. (on) Pan dyrektor bardzo mnie (szanować).
13. (ja) Dlaczego więc nie (czuć się) dobrze?
14. (ja) Dlaczego tak szybko (denerwować się)?
15. (on) Może (brakować) mi urlopu?
16. (ja) Chyba (żyć) za monotonnie.
17. (ja) Już tak dłużej nie (móc).
18. (ja) (potrzebować) słońca, spokoju, śpiewu ptaków.

9

Proszę wyjaśnić znaczenie poniższych zwrotów i określeń.

1. Żyć ponad stan.
2. Tłuc talerze (szkło, szklanki, kieliszki) na szczęście.
3. Iść do diabła.

Koniugacja I

-ę	**-emy**
-esz	**-ecie**
-e	**-ą**

np.

chc**ę**	chc**emy**
chc**esz**	chc**ecie**
chc**e**	chc**ą**

2

Czy boisz się myszy?

– Anno, dlaczego stoisz na stołku?
– Ponieważ bardzo boję się myszy.
– Czy to z tego powodu krzyczysz?
– Tak, wrzeszczę z tego powodu. Przecież słyszysz.
– Chyba musisz prosić mnie o pomoc.
– Nigdy o nic cię nie proszę, ale teraz...
– Teraz to robisz?
– Robię, bo muszę.
– Może wolisz zadzwonić po policję?
– Dlaczego kpisz?
– Nie kpię. Tylko trochę śmieszy mnie ta cała sytuacja.
– Piotrze, czy lubisz patrzeć, jak cierpię?
– Przecież nie patrzę.
– Więc zrobisz coś wreszcie?
– Właśnie o tym myślę.
– Widzę, że doskonale się bawisz.
– Chyba nie mówisz tego poważnie?
– To dlaczego nic nie robisz?
– Dlatego, że...
– Dlatego, że ty też boisz się myszy. Prawda? Czemu milczysz?
– Wstydzę się.

ĆWICZENIA

1

Proszę odpowiedzieć na pytania dotyczące tekstu.

1. Czy Anna siedzi na stołku?
2. Czy Anna boi się Piotra?
3. W jakich sytuacjach Anna prosi Piotra o pomoc?
4. Czy Anna będzie dzwonić na policję?
5. O czym myśli Piotr?
6. Czy Anna jest odważna?
7. Dlaczego Piotr nie pomaga Annie?

2

Wyrazy w nawiasach proszę podać w odpowiednich formach.
WZÓR: (prosić) – *proszę*

1. Państwo Kowalscy (lecieć) .... na urlop do Włoch.
2. Dzieci, dlaczego jeszcze nie (leżeć) .... w łóżkach?
3. My chętniej (chodzić) .... do kina niż do teatru.
4. W restauracji zawsze ja (płacić) .... rachunek.
5. Ty (bać się) .... nawet własnego cienia.
6. Adam chętnie (marzyć) .... o dalekich podróżach.
7. Anno, dlaczego (patrzeć) .... tylko na Adama?
8. Dlaczego ona (prosić) .... nas zawsze o rzeczy niemożliwe?
9. Ten stary autobus już od dawna nie (wozić) .... pasażerów.
10. Czy ty zawsze (spać) .... przy otwartym oknie?

3

Wyrazy w nawiasach proszę podać w odpowiednich formach.
WZÓR: (chodzić) – *chodzę*

1. Anno, czy (myśleć) .... czasem o mnie?
   Bo ja zawsze (myśleć) .... tylko o Tobie.
2. Dlaczego ty (widzieć) .... tylko własne problemy?
3. Anna wygląda najpiękniej, kiedy się (złościć) ....
   Dlatego ja często ją (złościć) ....
4. Czy ty długo już (stać) .... pod oknem Anny?

Ja pod jej oknem (stać) .... najwyżej pół godziny.
5. Czy wiesz, co tak (szumieć) .... ? To chyba (szumieć) .... morze.
6. Mój pies nigdy sam nie (trafić) .... do domu.
7. Już od lat nie (palić) .... papierosów. Ale wiem, że ty ciągle (palić) ....
8. Na wakacje państwo Nowak (jeździć) .... do Zakopanego. Ich syn (jeździć) .... nad morze. A ja najchętniej (jeździć) .... po całym kraju.
9. Jesteś tak roztargniona, że ciągle coś (gubić) .... Ja nigdy niczego nie (gubić) ....
10. Codziennie rano Adam (golić się) .... Marek i Paweł (golić się) .... sporadycznie.

4

Proszę uzupełnić zdania podanymi niżej czasownikami w odpowiednich formach: *zależeć, należeć, chodzić.*

1. Czy ten piękny zegarek .... do ciebie?
2. Lubię, kiedy coś .... tylko ode mnie.
3. Nie ukrywam Anno, że .... mi na Tobie.
4. U nas w domu są dwa zegary i chyba sześć zegarków. A każdy z nich .... inaczej.
5. Adam i Anna znają się od wielu lat. Ale .... ze sobą dopiero od roku.
6. Podczas jazdy pociągiem nie .... wychylać się przez okno.
7. Anna jest materialistką. Jej zawsze .... tylko o pieniądze.
8. Adam jest całkowicie apolityczny. Dlatego nie .... do żadnej partii ani organizacji.
9. Zawsze powtarzam moim dzieciom, że nie .... bać się dentysty. Sam jednak nie do końca w to wierzę.

5

Proszę wybrać odpowiednią formę czasownika.

1. Ciągle nie pamiętam, kto powiedział (myślimy, myślę, myślisz): ” .... , więc jestem”.
2. Kiedy Anna mówi o małżeństwie, Adam konsekwentnie (milczymy, milczą, milczy) ....

3. Mieszkasz tam, gdzie diabeł mówi „Dobranoc". Dlatego chyba tylko on bez problemu do ciebie (trafimy, trafi, trafię) ....
4. Nie jestem gruby! Ale kiedy tylko mogę, chętnie (gubi, gubię, gubisz) .... zbędne kilogramy.
5. Janek i Michał nigdy nie (golimy, golą, golicie) .... się przed ważnym egzaminem.
6. Polacy są narodem, który doskonale (robimy, robią, robi) .... dobrą minę do złej gry.
7. Nocą lubię patrzeć przez otwarte okno, jak moi sąsiedzi (gaszę, gasicie, gaszą) .... światła w swoich mieszkaniach.
8. Basiu, czy ty ciągle jeszcze (marzę, marzysz, marzy) .... o królewiczu z bajki?

6

Proszę wybrać odpowiedni czasownik i podać go we właściwej formie gramatycznej.

1. Ania jest jeszcze mała i (mówić, bać, marzyć) .... się sama spać.
2. Nie wiem, dlaczego wy zawsze (złościć, musieć, patrzeć) .... się, kiedy rozmawiamy o wspólnych wakacjach.
3. Gotujesz doskonale, ale ja (golić, woleć, zależeć) .... zjeść coś w restauracji.
4. Nie wiem jaki wy (dojrzeć, widzieć, patrzeć) .... sens w ciągłym chodzeniu do teatru.
5. Nie jesteśmy już dziećmi. Chętnie jednak (wierzyć, marzyć, słyszeć) .... w Świętego Mikołaja.
6. To prawda, panie dyrektorze, że my wszyscy pana nie lubimy. A nawet nie (krzyczeć, cierpieć, śmierdzieć) .... Niestety, (widzieć, musieć, woleć) .... z panem współpracować.
7. Anna nie jest tak piękna i atrakcyjna, jak sama o sobie (widzieć, myśleć, woleć) ....
8. Ty, Pawle, jesteś tak zarozumiały, że (mieć, patrzeć, widzieć) .... tylko czubek własnego nosa.

7

Podane w tabeli czasowniki proszę ułożyć według znaczeń.
WZÓR: myśleć – *zastanawiać się, mniemać, dumać*

1. patrzeć – ....
2. mówić – ....
3. robić – ....
4. zgodzić się – ....
5. trafić – ....
6. marzyć – ....
7. gonić – ....

tropić, dotrzeć, widzieć, pracować, obserwować, gadać, aprobować, śnić, chcieć, poszukiwać, dyskutować, popierać, działać, odszukać, pragnąć, spoglądać, rozmawiać, czynić, ścigać, znaleźć, akceptować

8

Wyrazy w nawiasach proszę podać w odpowiednich formach.
WZÓR: (golić) – *golę*

1. (ty) Anno, dlaczego (stać) na stołku?
2. (ja) Ponieważ bardzo (bać się) myszy.
3. (ty) Czy z tego powodu (krzyczeć)?
4. (ja) Tak, (wrzeszczeć) z tego powodu.
5. (ty) Przecież (słyszeć).
6. (ty) Chyba (musieć) prosić mnie o pomoc.
7. (ja) Nigdy o nic cię nie (prosić), ale tym razem...
8. (ty) Teraz to (robić)?
9. (ja) (robić), bo (musieć).
10. (ty) Może (woleć) zadzwonić po policję?
11. (ty) Dlaczego (kpić)?
12. (ja) Nie (kpić).
13. (ona) Tylko trochę (śmieszyć) mnie ta cała sytuacja.
14. (ty, ja) Piotrze, czy (lubić) patrzeć, jak (cierpieć)?
15. (ja) Przecież nie (patrzeć).
16. (ty) Więc (zrobić) coś wreszcie?
17. (ja) Właśnie o tym (myśleć).
18. (ja, ty) (widzieć), że doskonale się (bawić).

19. (ty) Chyba nie (mówić) tego poważnie?
20. (ty) To dlaczego nic nie (robić)? Dlatego, że........
21. (ty) Dlatego, że ty też (bać się) myszy. Prawda?
22. (ty) Czemu (milczeć)?
23. (ja) (wstydzić się).

9

Proszę wyjaśnić znaczenie poniższych zwrotów i określeń.

1. Tam, gdzie diabeł mówi „Dobranoc".
2. Gubić kilogramy.
3. Widzieć tylko czubek własnego nosa.
4. Robić dobrą minę do złej gry.
5. Bać się własnego cienia.

Koniugacja II

-ę	**-imy/-ymy**
-isz/-ysz	**-icie/-ycie**
-i/-y	**-ą**

np.

widz**ę**	widz**imy**	słysz**ę**	słysz**ymy**
widz**isz**	widz**icie**	słysz**ysz**	słysz**ycie**
widz**i**	widz**ą**	słysz**y**	słysz**ą**

lub (słyszę…)

Tak czy nie? 3

Tak bardzo Cię kocham! Przecież możesz to czytać w moich oczach. Jesteś Krystyno pierwszą kobietą, przed którą klękam. Dlatego teraz i tutaj pytam: Czy mam szansę na wspólne życie z Tobą? Znasz mnie już tyle lat. Masz więc świadomość, że tylko ja dam Ci prawdziwą miłość, spokojne życie i dobrobyt. Do tego wszystkiego świetnie gram na akordeonie. W domu sam bez trudu naprawiam instalacje elektryczne i hydrauliczne. Sprzątam bardzo dokładnie. Kiedy mam kłopoty, nie sięgam jak inni mężczyźni po alkohol. Nie uciekam od trudności, lecz odważnie stawiam im czoło. Przyznasz też, że bardzo dbam o swój wygląd. Ubieram się modnie i elegancko. Uprawiam sport. Gram w szachy i doskonale pływam. Znam się również na sztuce i literaturze. Czytam tylko klasykę. Zachwycam się malarstwem i rzeźbą awangardową. Ale bardzo dokucza mi samotność. Znam wprawdzie wiele kobiet i czasem nawet z kimś się spotykam. To jednak nie ma znaczenia, bo ja – Roman Nowak, czekam na Ciebie, Krystyno Kowalska! A Ty zmuszasz mnie, bym czekał bez końca. Zawsze ozięble mnie witasz i zawsze zbyt szybko żegnasz. Nie odpowiadasz na moje listy. Chętnie sprzeczasz się ze mną. Teraz też bardziej zachwycasz się tym prezentem niż mną. Po prostu zamykasz mi drogę do szczęścia. Ale nie możesz zamknąć mi ust. Dlatego uparcie powtarzam, że Cię kocham. Przyznasz, że stawiam sprawę jasno i otwarcie. Więc tak, czy nie?

ĆWICZENIA

1

Proszę odpowiedzieć na pytania dotyczące tekstu.

1. Czy Roman często klęka przed kobietami?
2. Czy Roman jest muzykalny?
3. Co robi Roman, kiedy ma kłopoty?
4. Jakimi dyscyplinami sportu interesuje się Roman?
5. Czy Krystyna interesuje się Romanem?
6. Czym zachwyca się Krystyna?
7. Czy Krystyna i Roman są dobrą parą?

2

Wyrazy w nawiasach proszę podać w odpowiednich formach.
WZÓR: (grać) – *gram*

1. Marek nie (czytać) .... nigdy w autobusie.
2. Dlaczego ty zawsze (czekać) .... na mnie tylko pięć minut?
3. My od niedawna (grać) .... w tej orkiestrze.
4. Ja (kochać) .... cię już tyle lat.
5. Czy wy nigdy nie (mieć) .... dosyć?
6. Czy myśl o tobie już nigdy nie (dać) .... mi spokoju?
7. Tutaj nikt nie (pływać) .... tak dobrze jak Michał.
8. Kto (pytać) ...., nie błądzi.
9. Czy to nie twoi rodzice (wysiadać) .... z autobusu?
10. Matki zawsze (zmuszać) .... dzieci do jedzenia warzyw.

3

Wyrazy w nawiasach proszę podać w odpowiednich formach.
WZÓR: (pytać) – *pytam*

1. Czy ty, Adamie, (słuchać) .... muzyki organowej? Bo Anna i ja (zachwycać się) .... taką muzyką.
2. Kiedy Polacy (witać) .... swoich gości, są bardzo serdeczni i zadowoleni. A kiedy ich (żegnać) ...., najczęściej jest im smutno.

3. Janek już od lat nie (dbać) .... o swoje zdrowie. Teraz (dbać) .... o nie lekarze.
4. Chłopcy często (dokuczać) .... dziewczętom, ale nie zawsze je za to (przepraszać) ....
5. Ta sytuacja (zmuszać) .... mnie do zastanowienia.
6. Pan Lewandowski (naprawiać) .... stare zegary. Również cała jego rodzina (poświęcać) ....
.... temu swój wolny czas.
7. Moi sąsiedzi często (sprzeczać się) .... ze sobą. Zwłaszcza kiedy (rozmawiać) .... o polityce.
8. Dlatego, że ty nie (zamykać) .... okna na noc? My najczęściej (przeziębiać się) .... właśnie nocą.
9. Dlaczego ty (opowiadać) .... takie bzdury? Nasi goście (słuchać) .... cię jedynie przez grzeczność.
10. Argumenty, których wy (używać) ...., są oczywiste. Teraz my (szukać) .... na nie odpowiedzi.

4

Proszę uzupełnić zdania podanymi niżej czasownikami w odpowiednich formach: *przekonać, mieć, czekać, stawiać, spóźniać się, rozmieniać się, umierać, słuchać, znać, pytać, sprzątać.*

1. Kiedy gram w gry planszowe, to ....
.... wszystko na jedną kartę.
2. W Polsce bardzo wiele osób ....
.... z powodu chorób serca i układu krążenia.
3. Jeśli ktoś robi zbyt wiele nieważnych rzeczy, to mówimy o nim, że
.... na drobne.
4. Nie lubię nosić krawatów. I chyba nigdy się do nich nie ....
5. Dobrze .... ministra Nowaka, ale teraz nie
.... z nim kontaktu.
6. Wczoraj miałem gości. Teraz ....
.... po nich całe mieszkanie.
7. Ty nie ...., kiedy do ciebie mówię. A później .... o to samo dwa razy.
8. Czy wiesz, że .... na ciebie już od pół godziny? Może .... specjalnie?

5

Proszę wybrać odpowiednią formę czasownika.

1. Krzysztof (zbieram, zbiera, zbierasz) .... znaczki pocztowe. Ja i Marek (podziwiam, podziwiacie, podziwiamy) .... jego kolekcję.
2. Problem polega na tym, że wszyscy moi koledzy (kochamy, kochają, kocham) .... Annę. Ja zresztą też się nią od lat (zachwycam, zachwycamy, zachwyca) ....
3. Mój dziadek chętnie (opowiadam, opowiada, opowiadasz) .... o swojej młodości. Nie tylko ja (słuchamy, słucham, słucha) .... go z zaciekawieniem.
4. Anno, czy (zna, znasz, znam) .... już mojego kolegę Michała? Nie? A myślałem, że wszyscy go (zna, znają, znam) ....
5. Dlaczego wy wszystkie muzea i galerie w tym mieście (zamykamy, zamykacie, zamykają) .... tak wcześnie?
6. Janek nie jest profesjonalnym muzykiem. A mimo to (gra, gram, grasz) .... tak pięknie na fortepianie.
7. Starsi ludzie raczej nie (czytasz, czytamy, czytają) .... bez okularów.
8. Kiedy (wracasz, wracacie, wracają) .... twoi rodzice?

6

Proszę wybrać odpowiedni czasownik i podać go we właściwej formie gramatycznej.

1. Jestem stary i chory. Mam problemy ze zdrowiem. A najbardziej (używać, dokuczać, zmuszać) .... mi skleroza.
2. One znają doskonale polską literaturę. Czy faktycznie tak dużo (pytać, opowiadać, czytać) .... ?
3. Moja babcia ma ciągle doskonałą figurę. Ona bardzo (witać, dbać, używać) .... o siebie.
4. Obecna sytuacja finansowa naszych rodziców (zamykać, zmuszać, żegnać) .... nas do oszczędzania.
5. W Polsce nikt nie (odpowiadać, witać, pytać) .... kobiet, ile mają lat.
6. Anna jest wyjątkowo punktualna. Ja, niestety, często się (witać, spóźniać, czekać) ....
7. Lubimy naszych sąsiadów, ale nigdy ich nie (zapraszać, pytać, że-

gnać) .... do siebie.

8. My jedziemy dalej, ale wy (wracać, wysiadać, wsiadać) .... na następnym przystanku.

7

Proszę podkreślić czasowniki, które nie pasują

WZÓR: dokuczać, przeszkadzać, czekać, szkodzić

1. naprawiać, reperować, sprzątać, remontować
2. dbać, opiekować się, gotować, troszczyć się, pielęgnować
3. sprzeczać się, rozmawiać, kłócić się, spierać się
4. opowiadać, mówić, dyskutować, rozmawiać, myśleć
5. umierać, ginąć, przepadać, tracić, trafić
6. wysiadać, wychodzić, wymyślać, wypływać

8

Wyrazy w nawiasach proszę podać w odpowiednich formach.

WZÓR: (wsiadać) – *wsiadam*

1.	(ja)	Tak bardzo Cię (kochać)! Przecież możesz to czytać w moich oczach.
2.	(ty)	Jesteś Krystyno pierwszą kobietą, przed którą (klękać).
3.	(ja)	Dlatego teraz i tutaj (pytać):
4.	(ja)	Czy (mieć) szansę na wspólne życie z Tobą?
5.	(ty)	(znać) mnie już tyle lat.
6.	(ty, ja)	(mieć) więc świadomość, że tylko ja (dać) Ci prawdziwą miłość, spokojne życie i dobrobyt.
7.	(ja)	Do tego wszystkiego świetnie (grać) na akordeonie.
8.	(ja)	W domu sam bez trudu (naprawiać) instalacje elektryczne i hydrauliczne.
9.	(ja)	(sprzątać) bardzo dokładnie.
10.	(ja)	Kiedy (mieć) kłopoty, nie (sięgać) jak inni mężczyźni po alkohol.
11.	(ja)	Nie (uciekać) od trudności.
12.	(ja)	Lecz odważnie (stawiać) im czoło.
13.	(ty, ja)	(przyznać) też, że bardzo (dbać) o swój wygląd.
14.	(ja)	(ubierać się) modnie i elegancko.
15.	(ja)	(uprawiać) sport.
16.	(ja)	(grać) w szachy i doskonale (pływać).
17.	(ja)	(znać się) również na sztuce i literaturze.

18. (ja) (czytać) tylko klasykę.
19. (ja) (zachwycać się) malarstwem i rzeźbą awangardową.
20. (ona) Ale bardzo (dokuczać) mi samotność.
21. (ja) (znać) wprawdzie wiele kobiet.
22. (ja) Czasem nawet z kimś (spotkać się).
23. (ono, ja) To jednak nie (mieć) znaczenia, bo ja (czekać) na Ciebie!
24. (ty) A Ty (zmuszać) mnie, bym czekał bez końca.
25. (ty) Zawsze ozięble mnie (witać).
26. (ty) Zawsze zbyt szybko (żegnasz).
27. (ty) Nie (odpowiadać) na moje listy.
28. (ty) Chętnie (sprzeczać się) ze mną.
29. (ty) Teraz też bardziej (zachwycać się) tym prezentem niż mną.
30. (ty) Po prostu (zamykać) mi drogę do szczęścia. Ale nie możesz zamknąć mi ust.
31. (ja) Dlatego uparcie (powtarzać), że Cię (kochać).
32. (ty, ja) (przyznać), iż (stawiać) sprawę jasno i otwarcie. Więc tak, czy nie?

9

Proszę wyjaśnić znaczenie poniższych zwrotów i określeń.

1. Stawiać sprawę jasno.
2. Zamykać komuś usta.
3. Stawiać wszystko na jedną kartę.
4. Rozmieniać się na drobne.
5. Stawiać czoło trudnościom.

Koniugacja III

-am	**-amy**
-asz	**-acie**
-a	**-ają**

np.

gr**am** gr**amy**
gr**asz** gr**acie**
gr**a** gr**ają**

Czegoś nie rozumiem 4

Dlaczego pan tak dużo je, panie Macieju?
Wiem, że ma pan apetyt, ale...
Ach, nie umie pan sobie odmówić.
A czy wie pan, jakie są tego konsekwencje?
To zbędne kilogramy!
Jak śmiem pana pouczać?
Przepraszam, ale wiem, co robię.
Nie rozumiem jednak pańskiego zachowania.
Ja też jem obfite posiłki.
My, Polacy, jemy smacznie, ale często zbyt dużo.
Później nie umiemy poradzić sobie z nadwagą.
Doskonale wiem, że to i pański podstawowy problem.
Sam pan rozumie, że powinniśmy z tym walczyć.
Śmiem twierdzić, że to konieczność.
Jestem lekarzem i umiem panu pomóc.
Niech pan je tylko raz dziennie.
Czy umie pan gotować?
My z żoną jemy wyłącznie gotowane rzeczy.
Polacy nie wiedzą, jakie to ważne.
Nie rozumieją zasad dietetyki.
Jedzą za tłusto, za słodko i zbyt kalorycznie.
I nikt nie śmie im tego głośno powiedzieć.
Inne narody wiedzą, jak się odżywiać.
Jedzą ryby, warzywa, owoce.
My jemy mięsa, wędliny, tłuszcze i słodycze.
Czy nie umiemy tego zmienić?
Czas pójść po rozum do głowy.
Nie rozumiem, dlaczego jest pan zdenerwowany.
Co? Jest pan głodny?

ĆWICZENIA

1

Proszę odpowiedzieć na pytania dotyczące tekstu.

1. Dlaczego pan Maciej dużo je?
2. Czy pan Maciej ma nadwagę?
3. Kto poucza pana Macieja?
4. Jak odżywiają się Polacy?
5. Co jest podstawowym problemem pana Macieja?
6. Co jedzą inne narody?
7. Dlaczego pan Maciej jest zdenerwowany?

2

Wyrazy w nawiasach proszę podać w odpowiednich formach.
WZÓR: (jeść) – *jem*

1. To nieprawda, że Polacy (jeść) .... codziennie bigos.
2. Ty (wiedzieć) ...., że mówię prawdę.
3. Nie lubię mówić o tym, że nie (umieć) .... pływać.
4. To niedobrze, że Anna (jeść) .... kolację tak późno.
5. Czego ty znowu nie (rozumieć) ....?
6. Ja doskonale (wiedzieć) ...., ile kosztuje taki samochód.
7. My nie (śmieć) .... proponować wam swojej pomocy.
8. Czy oni (umieć) .... coś więcej niż tylko narzekać?
9. Jak ty (śmieć) .... tu jeszcze przychodzić?
10. Wy chyba nic nie (wiedzieć) .... i niczego nie rozumiecie.

3

Wyrazy w nawiasach proszę podać w odpowiednich formach.
WZÓR: (umieć) – *umiem*

1. Hania doskonale gotuje. Ale nie (umieć) .... robić tak dobrego bigosu jak jej matka.
2. Na zajęciach u profesora Woźniaka nikt nie (śmieć) .... przeszkadzać ani głośno rozmawiać.

3. Adrian (wiedzieć) .... więcej niż jego koledzy. Ale nawet on nie (rozumieć) ....
.... tego problemu.
4. Kasia jest wegetarianką i (jeść) .... tylko potrawy jarskie. Ja (jeść) .... w zasadzie wszystko.
5. Moja papuga nie (umieć) .... ani mówić, ani śpiewać. Nie jest nawet kolorowa. Sam nie (wiedzieć) ....
..............................., dlaczego ją tak bardzo lubię.
6. To pewne, że mężczyźni nie (rozumieć) .... kobiet. Ale czy ktoś (rozumieć) .... mężczyzn?
7. Kocham Annę, ale nie (śmieć) .... zatelefonować do niej. Adam (śmieć) .... robić to codziennie.
8. Pan (umieć) .... za mało, żeby tutaj pracować. Nasi pracownicy (wiedzieć) .... znacznie więcej.

4

Proszę uzupełnić zdania podanymi niżej czasownikami w odpowiednich formach: *umieć, jeść, wiedzieć, śmieć, rozumieć.*

1. Ja nie .... kłamać. A ty .... ?
2. Janek nic nie .... o naszym spotkaniu.
3. Jeszcze nie mogę powiedzieć, że .... cudzoziemców. Oni też nigdy do końca nie ....
.... polskiej rzeczywistości.
4. Państwo Dąbrowscy najchętniej .... na kolację coś lekkostrawnego. Ich córka Anna wcale nie .... kolacji.
5. To moja wina. I nie ....
.... nawet prosić was o przebaczenie.
6. Nasi przodkowie potrafili świetnie jeździć konno. My już tego raczej nie ....
7. ...., że nic nie wiem.
8. Wiem, że nic nie ....
9. W obecności tak doskonałych specjalistów ja nie ....
.... zabierać głosu.
10. Czy ty .... wybaczać?

5

Proszę wybrać odpowiednią formę czasownika.

1. My rzadko (jecie, jemy, jem) ....
.... w tej restauracji. Tutaj jest za drogo.

2. Ja nie zawsze wiedziałem to wszystko, co (wiesz, wie, wiem) .... teraz.
3. Janek ciągle jeszcze nie (umie, umiem, umiesz) .... jeździć na rowerze.
4. Pan Kowalski śpi tak smacznie, że jego żona nie (śmiem, śmiesz, śmie) .... go budzić.
5. Zagrożenia ekologiczne są naszym wspólnym problemem. Ale chyba nie wszyscy to (rozumiesz, rozumiemy, rozumie) ....
6. Dzisiaj Anna i jej sąsiedzi razem (jemy, jedzą, jecie) .... kolację.
7. Ty, synu, nie (wiesz, wiem, wie) .... jeszcze wielu rzeczy. Ale przecież nie od razu Kraków zbudowano.
8. Adam, w przeciwieństwie do swoich kolegów, (umieją, umiecie, umie) .... tyle, że może zdać egzamin.

6

Proszę wybrać odpowiedni czasownik i podać go we właściwej formie gramatycznej.

1. Czy fakt, że ja nie (rozumieć, umieć, wiedzieć) .... tańczyć, bardzo ci przeszkadza?
2. Postać wybitnej polskiej badaczki Marii Skłodowskiej-Curie tak fascynuje naszych synów, że (umieć, wiedzieć, rozumieć) .... o niej więcej niż my.
3. Język czeski jest blisko spokrewniony z polskim. Nie znaczy to jednak, że Czesi i Polacy (wiedzieć, umieć, rozumieć) .... się bez większych trudności.
4. W czasie egzaminów zawsze bardzo się denerwuję. Nawet kiedy wszystko (jeść, umieć, śmieć) ....
5. Pożyczałeś mi już tyle razy parasol, że nie (umieć, śmieć, wiedzieć) .... cię znowu o to prosić.
6. Słodycze są bardzo kaloryczne, dlatego my (wiedzieć, umieć, śmieć) .... sobie ich odmówić.
7. Świat kryje w sobie tyle tajemnic. Dla nas najwspanialsze jest to, czego jeszcze nie (wiedzieć, śmieć, umieć) ....

7

Proszę podkreślić czasowniki, które zostały użyte niewłaściwie.

WZÓR: Nie mogę opowiedzieć ci tej książki, bo jeszcze jej nie (*czytałem, znam, <u>wiem</u>*).

1. Nie mogę ugotować bigosu, bo tego nie (*umiem, znam, potrafię*).
2. Nie rozwiążę tego zadania, bo go nie (*rozumiem, wiem, znam*).
3. Nie pytaj mnie o coś, czego nie (*jem, znam, śpię*).
4. Nie proponuj mi na kolację ślimaków, bo ich nigdy nie (*śmiem, jem, spożywam*).
5. Nie wygłoszę tego referatu, bo nie (*rozumiem, śmiem, umiem*) występować publicznie.
6. Nie mogę przyjść do ciebie, bo nie (*wiem, pamiętam, umiem*) gdzie ty właściwie mieszkasz.
7. Nie przeproszę Marcina, bo nie (*śmiem, wiem, rozumiem*) za co.
8. Nie pójdę jeszcze do łóżka, bo nie (*chcę, umiem, wiem*) tak wcześnie zasypiać.

8

Wyrazy w nawiasach proszę podać w odpowiednich formach.

WZÓR: (jeść) – *jem*

1.	(on)	Dlaczego pan tak dużo (jeść), panie Macieju?
2.	(ja)	(wiedzieć), że ma pan apetyt, ale...
3.	(on)	Ach, nie (umieć) pan sobie odmówić.
4.	(on)	A czy (wiedzieć) pan, jakie są tego konsekwencje? To zbędne kilogramy!
5.	(ja)	Jak (śmieć) pana pouczać?
6.	(ja)	Przepraszam, ale (wiedzieć) co robię.
7.	(ja)	Nie (rozumieć) jednak pańskiego zachowania.
8.	(ja)	Ja też (jeść) obfite posiłki.
9.	(my)	My, Polacy, (jeść) smacznie, ale zbyt dużo.
10.	(my)	Później nie (umieć) poradzić sobie z nadwagą.
11.	(ja)	Doskonale (wiedzieć), że to i pański podstawowy problem.
12.	(on)	Sam pan (rozumieć), że powinniśmy z tym walczyć.
13.	(ja)	(śmieć) twierdzić, iż to konieczność.
14.	(ja)	Jestem lekarzem i (umieć) panu pomóc.
15.	(on)	Niech pan (jeść) tylko raz dziennie.
16.	(on)	Czy (umieć) pan gotować?

17. (my) My z żoną (jeść) wyłącznie gotowane rzeczy.
18. (oni) Polacy nie (wiedzieć), jakie to ważne.
19. (oni) Nie (rozumieć) zasad dietetyki.
20. (oni) (jeść) za tłusto, za słodko i zbyt kalorycznie.
21. (on) I nikt nie (śmieć) im tego głośno powiedzieć.
22. (oni) Inne narody (wiedzieć), jak się odżywiać.
23. (oni) (jeść) ryby, warzywa, owoce.
24. (my) My (jeść) mięsa, wędliny i słodycze.
25. (my) Czy nie (umieć) tego zmienić?
26. (ja) Nie (rozumieć), dlaczego jest pan zdenerwowany. Co? Jest pan głodny?

9

Proszę wyjaśnić znaczenie poniższych zwrotów i określeń.

1. Pójść po rozum do głowy.
2. Smacznie spać.
3. Nie od razu Kraków zbudowano.

Koniugacja IV

-em	**-emy**
-esz	**-ecie**
-e	**-eją**

np.

jem	**jemy**
jesz	**jecie**
je	**jedzą**

5 Chcieć to móc

Żeby być kimś ważnym, trzeba dużo pracować. Trzeba uczyć się, a później gruntownie studiować. Czytać poważne książki i artykuły. Należy jeździć na konferencje i sympozja naukowe. Rozmawiać z mądrymi ludźmi i kontaktować się z najlepszymi specjalistami. Nigdy nie gadać o bzdurach, lecz dyskutować o istotnych problemach. Stawiać pytania i szukać na nie odpowiedzi. To ważne, żeby nie wstydzić się pytać. Trzeba pilnie obserwować ludzi. Często próbować, eksperymentować, a nawet ryzykować. Tylko w ten sposób można poznawać i starać się rozumieć świat. Należy wybrać własną drogę i umieć nią iść do celu.

Należy pamiętać, by nie marnować czasu. Oczywiście, można zająć się sportem i trochę pływać czy grać w tenisa. Ale nie trzeba zaraz biec codziennie kilka kilometrów.

Można też czasem spotykać znajomych, iść razem do restauracji. Zjeść coś smacznego i wypić trochę dobrego wina. Miło jest wtedy posłuchać muzyki lub potańczyć.

Nie wolno unikać teatru czy kina. Należy pamiętać o spacerach i pieszych wycieczkach.

Do łóżka należy jednak kłaść się wcześnie, żeby móc długo spać i dobrze odpoczywać. Wtedy można robić wszystko i osiągać sukcesy, doskonale pracować i funkcjonować.

Dobrze jest też mieć bogatych rodziców.

ĆWICZENIA

1

Proszę odpowiedzieć na pytania dotyczące tekstu.

1. Dlaczego trzeba dużo pracować?
2. Z kim należy rozmawiać?
3. O czym powinno się dyskutować?
4. Czy należy zajmować się sportem?
5. W jaki sposób należy spędzać wolny czas?
6. Dlaczego należy wcześnie kłaść się do łóżka?
7. Czy ważna jest sytuacja materialna rodziców?

2

Podane w nawiasach czasowniki proszę podać w formie bezokolicznika.
WZÓR: (pamiętam) – *pamiętać*

1. My (mówimy) po polsku. Czy ty też chcesz .... ?
2. (Kupiłem) już samochód. Teraz chcę .... garaż.
3. Marta zawsze (pisze) do mnie długie listy. Ja nie lubię ....
4. W naszym biurze wszyscy (palą) papierosy. Tylko ja i Anna nie chcemy ....
5. Pan Nowicki (pracował) czterdzieści lat w tej firmie. Dzisiaj jest już stary i nie musi ....
6. Ewę (kocham) już tyle lat. I wiem, że zawsze będę ją ....
7. Marek (studiował) już matematykę i fizykę. Chce jeszcze .... chemię.
8. Do domu (wracamy) zawsze autobusem. Ale kiedy jest późno, musimy .... taksówką.
9. Beata (gotuje) smacznie. Ja raczej nie umiem ....
10. (Czekałem) na Ewę pół godziny. Nie będę dłużej ....
11. W domu (śpię) bardzo dobrze. Nie lubię .... w hotelu.
12. (Telefonuję) do ciebie codziennie. Dlaczego ty nie możesz .... do mnie?
13. Ciągle (myślę), jak umeblować nasz pokój. Nie mogę przestać o tym ....
14. Deszcz nie (przestaje) padać od trzech dni. Może lepiej .... o nim myśleć?

3

Podane w nawiasach czasowniki proszę podać w formie bezokolicznika.
WZÓR: (wiozę) – *wieźć*

1. Już czterdzieści lat (mieszkam) w Polsce. I nie chcę .... w innym kraju.
2. Zawsze chętnie (jem) bigos. Mogę .... go codziennie.
3. Nie (jestem) politykiem, ale mogę nim ....
4. Marek (jedzie) jutro do Krakowa. Ja chcę .... z nim.
5. Dzisiaj (idę) na spacer sam. Dlatego mogę .... daleko.
6. Moja babcia (piekła) zawsze doskonałe ciasto. Nikt nie potrafi .... tak jak ona.
7. Kiedy Anna jedzie na urlop, ja (niosę) jej walizki. Bo tylko ja mogę je ....
8. Codziennie rano (biegnę) pięć kilometrów. Mój pies też próbuje ....

4

Podane w nawiasach czasowniki proszę podać w formie bezokolicznika.
WZÓR: (zamierzam) – *zamierzać*

1. Nie (mogę) spać, a chciałbym ....
2. Nie (chcę) pracować, a mógłbym ....
3. Nie (lubię) takiej muzyki, bo trudno ją ....
4. Nie (mam) pieniędzy, ale mógłbym ....
5. Nie (muszę) studiować, a chciałbym ....
6. Nie (pragnę) twojej miłości i nie chcę jej ....
7. Nie (proszę) cię o nic i nigdy nie będę ....
8. (Wolę) spokój niż twoje towarzystwo i zawsze będę ....
9. Nie (zamierzam) tutaj pracować i nigdy nie będę ....

5

Proszę uzupełnić zdania podanymi niżej czasownikami: *pamiętać, jeść, zdać, grać, spieszy się, rozmawiać, pić, uczyć się, zgodzić, rzucić, umieć, rozwiązać.*

1. Znamy się tyle lat, że chyba możemy .... ze sobą w otwarte karty.
2. Lubię .... egzotyczne potrawy. I .... nieznane trunki.

3. Za kilka minut zaczyna się film. Musimy ....
4. Anna nie może zostać moją żoną. Jej rodzice nie chcą się na to ....
5. Tak bardzo chciałbym .... grać na fortepianie.
6. Żeby .... w tej szkole, należy wcześniej .... skomplikowane egzaminy.
7. Adam pali papierosy od dwudziestu lat. Dlatego teraz jest mu bardzo trudno .... palenie.
8. Zawsze będę .... o naszych wspólnych wakacjach.
9. Wiem, że zadanie jest trudne. Ale ty nawet nie próbujesz go ....
10. To nie jest temat, o którym można .... przez telefon.

6

Proszę uzupełnić zdania podanymi niżej czasownikami: *kupować, jeść, pisać, śnić, czytać, mówić, szanować, spotykać się, lubić, wspominać.*

1. Zawsze będę .... do ciebie listy.
2. Zawsze będę .... twoje wiersze.
3. Zawsze będę .... nasze wspólne chwile.
4. Zawsze będę .... twoich rodziców.
5. Zawsze będę .... o tobie w nocy.
6. Nigdy nie będę .... twoich obiadów.
7. Nigdy nie będę .... twojego kota.
8. Nigdy nie będę .... ci drogich prezentów.
9. Nigdy nie będę .... z innymi kobietami.
10. Nigdy nie będę .... nigdy.

7

Czasowniki w nawiasach proszę podać w formie bezokolicznika.
WZÓR: (chcę) – *chcieć*

1. Żeby (byłem) .... kimś ważnym, trzeba dużo (pracuję) ....
2. Trzeba (uczę się) ...., a później gruntownie (studiujemy) ....
3. (czyta) .... poważne książki i artykuły.

4. Należy (jeździmy) ....
.... na konferencje i sympozja naukowe.
5. (Rozmawiam) .... z mądrymi ludźmi.
6. (Kontaktujesz się) .... z najlepszymi specjalistami.
7. Nigdy nie (gadamy) .... o bzdurach, lecz (dyskutujemy) .... o istotnych problemach.
8. (Stawiasz) .... pytania i (szukasz) .... na nie odpowiedzi.
9. To ważne, żeby nie (wstydzi się) .... (pyta) ....
10. Pilnie (obserwują) .... ludzi.
11. Często (próbujecie) ...., (eksperymentujecie) ...., a nawet (ryzykujecie) ....
12. Tylko w ten sposób można (poznaję) .... i (zrozumiem) .... świat.
13. Należy (wybierasz) .... własną drogę i (umiesz) .... nią (idziesz) .... do celu.
14. Należy (pamięta) ...., by nie (marnuje) .... czasu.
15. Oczywiście można (zajmuje się) .... sportem.
16. Trochę (pływamy) .... czy (gramy) .... w tenisa.
17. Ale nie (biegniecie) ....
.... codziennie kilka kilometrów.
18. Można też czasem (spotykają) .... znajomych, (idę) .... razem do restauracji.
19. (zjem) .... coś smacznego i (wypiję) .... trochę dobrego wina.
20. Miło jest wtedy (słuchasz) .... muzyki lub (tańczysz) ....
21. Nie wolno (unika) .... teatru czy kina.
22. (Pamiętamy) ....
.... o spacerach i pieszych wycieczkach.
23. Do łóżka należy jednak (kładziecie się) .... wcześnie, żeby (mogą) .... długo (śpią) .... i często (odpoczywają) ....
24. Wtedy można (robię) .... wszystko.
25. (Osiągasz) .... sukcesy.
26. Doskonale (pracuje) .... i (funkcjonuje) ....
27. Dobrze jest też (mam) .... bogatych rodziców.

8

Proszę wyjaśnić znaczenie poniższych zwrotów i określeń.

1. Gadać o bzdurach.
2. Chcieć to móc.
3. Grać w otwarte karty.
4. Rzucać palenie.
5. Czytać poważne książki.

Przyrostki bezokolicznika

1. **-ć**	(np. *grać, słyszeć, mówić*)		
2. **-c**	(np. *biec, móc, strzyc, piec*)		
	– podlega alternacji	**c : g : ż**	(np. *mogę, możesz*)
		c : k : cz	(np. *piekę, pieczesz*)
3. **-ść/-źć**	(np. *nieść, kraść, gryźć*)		
	– podlega wymianie	**ś : s**	(np. *niesiemy, niosą*)
		ź : z	(np. *gryziemy, gryzą*)

Szczęśliwe dzieciństwo Janka 6

Mogę powiedzieć, że miałem szczęśliwe dzieciństwo. Moi rodzice doskonale mnie rozumieli. I chyba ja też ich rozumiałem. Szczególnie tata stosował wobec mnie dość nowatorskie metody wychowawcze. Takie, jakich nie stosowali inni ojcowie. Może oni nie byli tak cierpliwi i konsekwentni, jak był mój ojciec. Miał dla mnie zawsze dużo czasu. A wiem, że rodzice moich kolegów tego czasu tak wiele nie mieli. I chyba nie pracowali więcej. Pamiętam, że ojciec też ciągle pracował. Ale za to kiedy wracał do domu, byliśmy razem. Razem siadaliśmy do stołu, a ja siadałem zawsze obok niego. Mama prawie wcale nie siadała. Ona chyba nigdy nie usiadła na dłużej niż na kilka minut.

Mama świetnie gotowała. Dlatego jedliśmy codziennie coś innego. Ja nie jadłem tylko buraków i zupy szczawiowej. Mama nigdy na mnie za to nie krzyknęła. Tata raczej też nie. Oni nie krzyczeli, ale kiedy byłem niegrzeczny, często stałem w kącie. Po paru minutach rodzicom było mnie żal, więc stali razem ze mną. Staliśmy sobie razem i żartowaliśmy. Było fajnie.

Pamiętam, że raz znaleźliśmy w lesie chorego ptaka. A w zasadzie to znalazł go tata. Niósł go delikatnie zawiniętego w sweter. Ja chyba nie niosłem, bo bałem się. Po jakimś czasie ptak wyzdrowiał i pofrunął sobie. Wtedy nie rozumiałem, dlaczego nie frunęliśmy razem z nim, tylko krzyknęliśmy coś na pożegnanie.

Wieczorami chętnie bawiliśmy się. Nikt nie bawił się ze mną tak ciekawie, jak tata. Dzisiaj już wiem, że uczyłem się wtedy czegoś. A może obaj się uczyliśmy? Ja naprawdę miałem szczęśliwe dzieciństwo. Wy też mieliście?

ĆWICZENIA

1

Proszę odpowiedzieć na pytania dotyczące tekstu.

1. Czy Janek rozumiał się dobrze ze swoimi rodzicami?
2. Jakie metody wychowawcze preferował ojciec Janka?
3. Czy rodzice Janka poświęcali mu dużo czasu?
4. Czy mama Janka była dobrą kucharką?
5. Co Janek jadł niechętnie?
6. Jak rodzice karali niegrzecznego Janka?
7. Gdzie tata Janka znalazł chorego ptaka?
8. Z kim Janek lubił bawić się najbardziej?
9. Jakim dzieckiem był Janek?
10. Czy Janek miał szczęśliwe dzieciństwo?

2

Wyrazy w nawiasach proszę podać w odpowiednich formach czasu przeszłego.

WZÓR: (być) – *byłem*

1. Ja nigdy nie (chcieć) .... zostać lekarzem.
   Ale moi rodzice bardzo (chcieć) ....
2. Ty zawsze (mieć) .... szczęście
   do kobiet. My go raczej nie (mieć) ....
3. Adam już raz (lecieć) ....
   balonem. Czy wy też (lecieć) ....?
4. Kiedyś Anna często (zapominać) ....
   wyłączyć żelazko. Jej siostry też ....
5. Ten obraz (wisieć) .... w naszej galerii.
   Dużo dobrych obrazów tam (wisieć) ....
6. Dziadek dwa tygodnie (leżeć) .... w szpitalu.
   Nasi sąsiedzi też tam (leżeć) ....
7. Ja zawsze (patrzeć) .... tylko na Annę.
   Moi koledzy też chętnie (patrzeć) ....
8. Ty nie (musieć) .... studiować wieczorami.
   Janek i Michał (musieć) .... to robić.
9. Wczoraj wieczorem (woleć) .... zostać w domu.
   Ale cieszę się, że wy (woleć) .... wybrać się do kina.

10. Ja przez wiele lat (śledzić) .... karierę artystyczną mojej sąsiadki. Dobrze wiem, że wy też ją (śledzić) ....

3

Wyrazy w nawiasach proszę podać w odpowiednich formach czasu przeszłego.

WZÓR: (nieść) – *niosłem*

1. Czy wy już (jeść) .... obiad? Ja (jeść) .... w restauracji.
2. Państwo Kowalscy (znaleźć) .... bezdomnego psa. Pamiętam, że ty (znaleźć) .... kiedyś kota.
3. Przepraszam, ale pan (usiąść) .... na moim miejscu. My (usiąść) .... tu tylko na moment.
4. Rodzice (przynieść) .... dla mnie mały prezent. A co ty, siostro, mi (przynieść) .... ?
5. Adam (wieść) .... samotne życie. Później on i Anna (wieść) .... je razem.
6. Fryzjer (zapleść) .... Ewie warkocze. Moje córki chyba nigdy ich nie (pleść) ....
7. Michał nigdy nie (chcieć) .... jeździć do babci na wakacje. Dobrze, że chociaż wy (chcieć) ....
8. Nawet nie wiecie, jakie ja (mieć) .... wczoraj kłopoty w pracy. Wy jesteście bezrobotni, więc ich nigdy nie (mieć) ....

4

Wyrazy w nawiasach proszę podać w odpowiednich formach czasu przeszłego.

WZÓR: (krzyknąć) – *krzyknęła*

1. Adam (wziąć) .... urlop. Czy Anna też go (wziąć) .... ?
2. W czasie konferencji dyrektor (ziewnąć) .... kilka razy. Gdy jego sekretarka to zauważyła, też (ziewnąć) ....
3. Czy ktoś z was kiedyś (płynąć) .... przez ocean? Państwo Wiśniewscy już (płynąć) ....
4. Marek wyszedł i (trzaskać) .... drzwiami. A może to same drzwi (trzasnąć) ....
5. Anna (klęknąć) .... przed ołtarzem. Obok niej (klęknąć) .... Adam.

6. Nawet nie zauważyłem, kiedy ty (stanąć) .... za Janem. Nie wiem tylko, kto jeszcze tam (stanąć) ....
7. Jan od dziecka (pragnąć) .... mieć akwarium. Jego obecna żona też tego (pragnąć) ....

5

Proszę uzupełnić zdania podanymi niżej czasownikami, użytymi w czasie przeszłym: *potrzebować, chcieć, woleć, móc, pragnąć, musieć.*

1. Janek zawsze .... mieć sportowy samochód. Anna .... mieć bogatego męża. A ja .... mieć jedynie święty spokój.
2. Wy zawsze .... pić czerwone wina. My .... wina białe. Zaś oni .... unikać alkoholu.
3. Kobiety zawsze .... więcej czasu spędzać u fryzjera i kosmetyczki. Ale mężczyźni zawsze .... wtedy więcej pieniędzy.
4. Kiedy byłem dzieckiem, ... jeść wszystko, co kazali mi rodzice. Chyba każdy w dzieciństwie .... to robić.
5. Adam nigdy nie .... zrozumieć Anny. Ale i Anna nie .... zrozumieć Adama.
6. Ja nie tylko chciałem zostać dyrektorem, ale wręcz tego .... Niestety, wielu innych też tego ....

6

Proszę uzupełnić poniższe zdania czasownikami: *iść, chodzić,* użytymi w czasie przeszłym.

1. Wiele lat fascynowałem się filmem europejskim. Był to powód, dla którego często .... do kina.
2. Pan dyrektor bardzo lubił Annę, więc często .... jej na rękę.
3. Pamiętam, że kot mojego dziadka prawie nigdy nie bywał w domu. On zawsze .... własnymi drogami.
4. Dobrze wiem, że tej kobiecie zawsze .... tylko o pieniądze.
5. W czasie wykładu profesor mówił tak szybko i zawile, że nie wiem zbyt dokładnie, o co mu ....
6. Tędy kiedyś .... droga, która prowadziła do jeziora.

7. Anna była piękną, ale konfliktową kobietą. Dlatego Paweł nie .... z nią długo.
8. Nasz pradziadek ożenił się z naszą prababcią wbrew woli swoich rodziców. To wspaniałe, że .... zawsze za głosem własnego serca.

7

Wyrazy w nawiasach proszę podać w odpowiednich formach czasu przeszłego.

WZÓR: (grać) – *grałem*

1.	(ja)	Mogę powiedzieć, że (mieć) szczęśliwe dzieciństwo.
2.	(oni)	Moi rodzice doskonale mnie (rozumieć).
3.	(ja)	I chyba ja też ich (rozumieć).
4.	(on)	Szczególnie tata (stosować) wobec mnie dość nowatorskie metody wychowawcze.
5.	(oni)	Takie, jakich nie (stosować) inni ojcowie.
6.	(oni, on)	Może oni nie (być) tak cierpliwi i konsekwentni, jak (być) mój ojciec.
7.	(on)	(mieć) dla mnie zawsze dużo czasu.
8.	(oni)	A wiem, że rodzice moich kolegów tego czasu tak wiele nie (mieć).
9.	(oni)	I chyba nie (pracować) więcej.
10.	(on)	Pamiętam, że ojciec też ciągle (pracować).
11.	(on, my)	Ale za to, kiedy (wracać) do domu, (być) razem.
12.	(my)	Razem (siadać) do stołu.
13.	(ja)	Ja (siadać) zawsze obok niego.
14.	(ona)	A mama prawie wcale nie (siadać).
15.	(ona)	Ona chyba nigdy nie (usiąść) dłużej niż na kilka minut.
16.	(ona)	Mama świetnie (gotować).
17.	(my)	Dlatego (jeść) codziennie coś innego.
18.	(ja)	Ja nie (jeść) tylko buraków i zupy szczawiowej.
19.	(ona)	Mama nigdy na mnie za to nie (krzyknąć). Tata też nie.
20.	(oni)	Oni nie (krzyczeć).
21.	(ja)	Ale kiedy (być) niegrzeczny, często (stać) w kącie.
22.	(ono, oni)	Po paru minutach rodzicom (być) mnie żal, więc (stać) razem ze mną.
23.	(ono)	(być) fajnie.
24.	(my)	Pamiętam, że raz (znaleźć) w lesie chorego ptaka.
25.	(on)	A w zasadzie, to (znaleźć) go tata.

26. (on) (nieść) go delikatnie zawiniętego w sweter.
27. (ja) Ja chyba nie (nieść), bo (bać się).
28. (on) Po jakimś czasie ptak (wyzdrowieć) i (pofrunąć) sobie.
29. (ja, my) Wtedy nie (rozumieć), dlaczego nie (frunąć) razem z nim.
30. (my) Tylko (krzyknąć) coś na pożegnanie.
31. (my) Wieczorami chętnie (bawić się).
32. (on) Nikt nie (bawić się) ze mną tak ciekawie, jak tata.
33. (ja) Dzisiaj już wiem, że (uczyć się) wtedy czegoś.
34. (my) A może obaj się (uczyć)?
35. (ja) I naprawdę (mieć) szczęśliwe dzieciństwo.
36. (wy) Wy też (mieć)?

8

Proszę wyjaśnić znaczenie poniższych zwrotów i określeń.

1. Mieć święty spokój.
2. Iść komuś na rękę.
3. Chodzić własnymi ścieżkami.
4. Iść za głosem własnego serca.
5. Stać w kącie.

Czas przeszły

*** tworzenie**

temat bezokolicznika – **spa**ć + końcówki odmiany – (**łem, łaś,...**)

*** odmiana**

liczba pojedyncza			
osoba	rodzaj: męskoosobowy męskożywotny męskonieżywotny	rodzaj żeński	rodzaj nijaki
ja	**-ł-em**	**-ł-am**	–
ty	**-ł-eś**	**-ł-aś**	–
on, ona, ono	**-ł**	**-ł-a**	**-ł-o**

np.

spa**łem**	spa**łam**	
spa**łeś**	spa**łaś**	
spa**ł**	spa**ła**	spa**ło**

liczba mnoga		
osoba	rodzaj męskoosobowy	rodzaj: męskożywotny męskonieżywotny żeński nijaki
my	**-l-iśmy**	**-ł-yśmy**
wy	**-l-iście**	**-ł-yście**
oni, one	**-l-i**	**-ł-y**

np.

spa**liśmy**	spa**łyśmy**
spa**liście**	spa**łyście**
spa**li**	spa**ły**

7 Dobra wróżka

– Marku, ty nigdy już nie będziesz decydować o własnym losie!
– A kto będzie to robić?
– Ja! Dlatego będziesz musiał dużo pracować i mało odpoczywać. Dlatego nie będziesz mieć satysfakcji z tego, co będziesz robić. W tym czasie twoi koledzy będą szybko awansować. Będą jeździli dobrymi samochodami i żenili się z pięknymi kobietami. Oni będą bogaci i szczęśliwi. Ty nie!
– A czy przynajmniej nie będę mieć kłopotów finansowych?
– Będziesz, będziesz! Całe życie będziesz siedzieć w kieszeni u innych. Będziesz brać kredyty i pożyczki, które potem latami będziesz spłacać.
– To niesprawiedliwe! Będę z tobą walczył!
– I będziesz przegrywał! Będzie cię prześladował pech. Nigdzie nie będziesz mógł zdążyć. Ani niczego zrealizować.
– Czy nic dobrego nie będzie mnie spotykać?
– Będziesz mieć piękne marzenia. Będziesz śnić o sukcesach, zaszczytach i popularności. Będziesz pragnąć władzy i bogactwa. I niczego nie będziesz mógł urzeczywistnić. Ja osobiście będę pilnowała tego wszystkiego. I tylko ty jeden nigdy nie będziesz mógł powiedzieć o mnie, że jestem dobrą wróżką. A wiesz dlaczego? Bo ja cię, Marku, po prostu nie lubię!!!

ĆWICZENIA

1

Proszę odpowiedzieć na pytania dotyczące tekstu.

1. Kto będzie decydować o życiu Marka?
2. Czy życie Marka będzie beztroskie?
3. Jak będzie wyglądało życie kolegów Marka?
4. Czy Marek ożeni się z piękną kobietą?
5. Jak Marek będzie sobie radzić finansowo?
6. Czy Markowi uda się coś zrealizować?
7. O czym będzie marzyć Marek?
8. Jaki jest stosunek wróżki do Marka?
9. Czy Marek kupi sobie dobry samochód?
10. Czy Marek spotkał dobrą wróżkę?

2

Wyrazy w nawiasach proszę podać w odpowiednich formach czasu przyszłego złożonego.

WZÓR: (pisał) – *będzie pisać*

1. My nie (czekamy) .... na ciebie kolejny kwadrans.
2. Czy wy (oglądacie) .... jutro ten nowy film?
3. Ja i mój brat (oszczędzamy) .... pieniądze, które (zarabiamy) .... w czasie wakacji.
4. Adam postanowił, że nie (pracuje) .... dłużej za pół darmo.
5. Moi znajomi od jutra (mieszkają) .... przy sąsiedniej ulicy.
6. Ja nigdy nie mówiłem, że (kocham) .... cię przez całe życie.
7. Mam nadzieję, że moje dzieci (szanują) .... rodzinne tradycje.
8. Anno, czy możesz mi obiecać, że już nigdy nie (spotykać się) .... z tym zarozumiałym i głupawym Karolem ?
9. W najbliższych latach (mieć) .... miejsce w Polsce ogromne zmiany gospodarcze.
10. Przysięgam, że (mówię) .... prawdę i tylko prawdę.

3

Występujące w zdaniach czasowniki proszę podać w czasie przyszłym złożonym.

WZÓR: Ja pływam doskonale. Wy też kiedyś *będziecie pływać* tak dobrze.

1. Wiem coś, co i ty .... kiedyś ....
2. On ma w sobie coś takiego, czego nikt inny nie ....
3. Wczoraj mogłem wam pomóc. Dzisiaj już nie ....
4. Dzisiaj Adam biegnie razem z nami przez park. Ale nie wiem, czy jutro też ....
5. Nasza babcia ciągle piecze najlepsze w świecie pączki. Kto .... je ...., kiedy już nie będzie babci?
6. Dlaczego ciągle powtarzasz: „Byłem, jestem, ... "?
7. Pijesz dużo alkoholu! Chyba nie zawsze .... tyle ....?
8. Anno, mamy już pięcioro dzieci. Czy myślisz, że .... jeszcze jedno?
9. Mam osiemnaście lat i wiem, że mnie kochasz, Anno. Ale czy .... mnie ...., kiedy .... sześćdziesiąt cztery lata?
10. Roman śpiewa bardzo ładnie. Mam nadzieję jednak, że nie .... nam .... przez cały wieczór.

4

Proszę uzupełnić zdania według wzoru.

WZÓR: Śpię mało i nigdy nie *będę spać* więcej.

1. Nie mam czasu dla ciebie i nigdy nie ....
2. Nie pragnę sławy i nigdy nie .... jej ....
3. Nie lubię ciasnych mieszkań i nigdy nie .... ich ....
4. Michał ma „głowę na karku". Wierzę, że zawsze .... ją .... właśnie w tym miejscu.
5. Pracuję w firmie budowlanej, która .... nowe hotele w tym mieście.
6. Obecnie studiuję matematykę. W przyszłości może .... jeszcze ekonomię.
7. Mam duże problemy ze wzrokiem. Nie wiem jak długo jeszcze .... książki bez okularów.

8. Anna szuka nowego mieszkania. Ona nie .... przecież .... całe życie z rodzicami.
9. Adam jest tak zmęczony, że tej nocy .... dłużej niż zwykle.
10. Janek zawsze jest głodny. Ale tej zupy pomidorowej nawet on nie ....

5

Proszę uzupełnić zdania podanymi niżej czasownikami, użytymi w czasie przyszłym złożonym: *czesać, robić, pisać, decydować, mieć, telefonować, jeść, przekraczać, przeszkadzać, prosić.*

1. Czy ty zawsze .... z siebie wariata?
2. Kiedyś nasze dzieci .... same o własnym życiu.
3. Pamiętaj, że musisz mieć paszport, kiedy .... granicę.
4. Anna boi się utyć, dlatego nie .... z nami tej smacznej, ale obfitej i późnej kolacji.
5. Anna wraca do domu bardzo późno. Dlatego my .... do niej .... dopiero wieczorem.
6. Wszyscy możecie iść ze mną do muzeum. Pod warunkiem jednak, że nie ....
7. To prawda, że wyjeżdżam na całe dwa lata. Obiecuję, że .... do ciebie długie listy.
8. My nie zawsze mamy szczęście. Ale zawsze .... nadzieję.
9. Andrzej jest fryzjerem. Twierdzi, że nigdy nie .... własnej rodziny i przyjaciół.
10. Mam tak dużo spraw do załatwienia, że chyba .... was o pomoc.

6

Proszę uzupełnić zdania według wzoru.

WZÓR: Jutro niestety nie *będę* z tobą *jeść* kolacji.

1. W czasie urlopu ja nie .... nawet .... o pracy.
2. Na konferencji profesor Roszkowski .... o swojej ostatniej książce.
3. Wykład jest wyjątkowo nudny. My chyba nie .... go .... do końca.

4. Adam od trzech dni ma katar. Niestety, nie ....
.... zapachu nowych perfum Anny.
5. Żelazko jest chyba ciągle gorące. Na wszelki wypadek, ja nie
.... go jeszcze ....
6. Po obiedzie zostało wyjątkowo dużo brudnych naczyń. Niestety, dzisiaj ty .... je ....
7. To była bardzo dziwna i komiczna sytuacja. Ja jeszcze długo
.... się z niej.
8. Od kilku minut obieram cebulę. Czuję, że za moment ....
.... jak małe dziecko.
9. Pan Wiśniewski ma teraz duży ogród. Chyba ....
.... w nim .... kwiaty.
10. Za tydzień ciotka Agata ma imieniny. Czy wy ....
..................................., żeby kupić jej kwiaty?

7

Wyrazy w nawiasach proszę podać w odpowiednich formach czasu przyszłego złożonego.
WZÓR: (spać) – *będę spał*

1.	(ty)	Marku, ty już nigdy nie (decydujesz) o własnym losie!
2.	(on)	A kto to (robi)?
3.	(ty)	Ja! Dlatego (musisz) dużo pracować i mało odpoczywać.
4.	(ty)	Dlatego nie (masz) satysfakcji z tego, co (robisz).
5.	(oni)	W tym czasie twoi koledzy szybko (awansują).
6.	(oni)	(jeżdżą) dobrymi samochodami i (żenią się) z pięknymi kobietami.
7.	(oni)	Oni (są) bogaci i szczęśliwi. Ty nie!
8.	(ja)	A czy przynajmniej nie (mam) kłopotów finansowych?
9.	(ty)	(jesteś, jesteś).
10.	(ty)	Całe życie (siedzisz) w kieszeni u innych.
11.	(ty)	(bierzesz) kredyty i pożyczki, które potem latami (spłacasz).
12.	(ja)	To niesprawiedliwe! (walczę) z tobą!
13.	(ty)	I (przegrywasz)!
14.	(on)	(prześladuje) cię pech.
15.	(ty)	Nigdy nie (możesz) zdążyć. Ani niczego zrealizować.
16.	(ono)	Czy nic dobrego mnie nie (spotyka)?
17.	(ty)	(masz) piękne marzenia. (pragniesz) władzy i bogactwa. I niczego nie (możesz) urzeczywistnić.

18. (ja) Ja osobiście (pilnuję) tego wszystkiego.
19. (ty) I tylko ty jeden nie (możesz) powiedzieć o mnie, że jestem dobrą wróżką.
A wiesz dlaczego? Bo ja cię, Marku, po prostu nie lubię.

8

Proszę wyjaśnić znaczenie poniższych zwrotów i określeń.

1. Siedzieć u kogoś w kieszeni.
2. Pracować za pół darmo.
3. Mieć w sobie coś.
4. Mieć głowę na karku.
5. Robić z siebie wariata.

Czas przyszły złożony

*** tworzenie**

a. czasownik posiłkowy **być** odmieniany w czasie przyszłym (**będę, będziesz,...**) + bezokolicznik czasownika niedokonanego (np. **czytać, pisać,...**)
b. czasownik posiłkowy **być** odmieniany w czasie przyszłym (**będę, będziesz,...**) + czasownik właściwy, użyty w czasie przeszłym, w 3. osobie liczby pojedynczej i mnogiej (np. **pisał, czytała, pisali, czytały,...**)

*** odmiana**

liczba pojedyncza				
osoba	czasownik posiłkowy	rodzaj: męskoosobowy męskożywotny męskonieżywotny	rodzaj żeński	rodzaj nijaki
1.	**będę**	**spać** **spał**	**spać** **spała**	–
2.	**będziesz**	**spać** **spał**	**spać** **spała**	–
3.	**będzie**	**spać** **spał**	**spać** **spała**	**spać** **spało**

liczba mnoga					
osoba	czasownik posiłkowy	rodzaj męskoosobowy		rodzaj: męskożywotny męskonieżywotny żeński nijaki	
1.	**będziemy**	**spać**	**spali**	**spać**	**spały**
2.	**będziecie**	**spać**	**spali**	**spać**	**spały**
3.	**będą**	**spać**	**spali**	**spać**	**spały**

Gdyby stał się cud 8

Gdyby stał się cud i mógłbym być tak wysoki i przystojny jak Krzysztof! Miałbym wtedy wspaniałe życie. Wyglądałbym przecież znacznie atrakcyjniej. W pracy koleżanki wreszcie zainteresowałyby się moją osobą. Szczególnie zależałoby mi na tym, żeby Maria zwróciła na mnie uwagę. Za jedno jej spojrzenie oddałbym wszystko. Och Mario! Pomyślałabyś choć raz o mnie! Dla Ciebie zmieniłbym się nie do poznania. Przestałbym palić i grać w bingo. Zająłbym się czymś pożytecznym. No i oczywiście przedstawiłbym Cię moim rodzicom. Gdyby Cię zobaczyli, przestaliby mówić, że ich Paweł do niczego się nie nadaje.

Jeśli byłbym tak elegancki i wykształcony, jak Krzysztof, zapraszano by mnie wtedy częściej na przyjęcia i prywatki. Rozmawiano by ze mną i pito by za moje zdrowie. Po prostu wiedziano by, że żyję. Nie śmiano by się ze mnie za moimi plecami. Lubiano by mnie i szanowano by za mój wdzięk i urok osobisty. A w firmie? Pewnie widziano by mnie na innym stanowisku. Zaproponowano by mi jakąś kierowniczą funkcję. Dano by mi własny gabinet. Może by nawet zatrudniono dla mnie osobistą sekretarkę. Mogłoby być tak pięknie. Zarabiałbym wtedy znacznie więcej niż teraz. Mógłbym sobie pozwolić na większe wydatki, a może i na małe inwestycje. Kupiłbym kilka modnych garniturów. Wynająłbym małe mieszkanie. I kto wie, czy nie zdobyłbym się nawet na samochód. A już na pewno cały czas posyłałbym Marii kwiaty. W końcu zrozumiałaby, co do niej czuję. Może nawet zgodziłaby się zostać moją żoną. Tylko wcześniej musiałby stać się cud. A gdybym tak teraz do niej zadzwonił, nie czekając na cud?

ĆWICZENIA

1

Proszę odpowiedzieć na pytania dotyczące tekstu.

1. Czy w życiu Pawła stał się cud?
2. Jakim mężczyzną jest Krzysztof?
3. Czy kobiety interesują się Pawłem?
4. Czy rodzice Pawła mają o nim dobre zdanie?
5. Czy Paweł często bywa na przyjęciach i prywatkach?
6. Czy Maria interesuje się Pawłem?
7. Czy Paweł ma swoją sekretarkę?
8. Czy Maria jest żoną Pawła?
9. Co zrobiłby Paweł, gdyby miał dużo pieniędzy?
10. Czy Paweł jest szczęśliwy?

2

Proszę przekształcić poniższe zdania według wzoru.

WZÓR: Nie miałem pieniędzy. Nie kupiłem mebli.
Gdybym miał pieniądze, kupiłbym meble.

1. Jesteś bardzo niepunktualny. Musimy czekać na ciebie. ....
   ....
2. Nie umiem gotować. Nie zaproszę was do siebie na obiad...........
   ....
3. Nie mam szczęścia. Nie dostałem tej nowej pracy w banku..........
   ....
4. Kasia zawsze powtarza, że jestem za gruby. Jest mi przykro.
   ....
5. Nigdy nie uczysz się przed egzaminem. Teraz musisz zdawać jeszcze raz...
6. Szkoda, że nie jedziesz do Tomaszowa. Chętnie wybiorę się z tobą.
   ....
7. Czy ty sprzątasz swój samochód? Może kupię twój samochód.
   ....
8. Tomek nie jest dobrym sąsiadem. Nie żyjemy w zgodzie.
   ....

9. Była fatalna pogoda. Zostaliśmy w górach jeszcze dwa dni.

....

10. Pan Pawlak nie lubi wydawać pieniędzy. Jego żona ma nowe futro.

....

3

Proszę przekształcić poniższe zdania według wzoru.

WZÓR: Anna chciałaby pojechać do Meksyku.
Ja też *chciałbym tam pojechać.*

1. My chcielibyśmy dzisiaj wybrać się na długi spacer. Czy wy też .....
....
2. Oni chcieliby zawsze bawić się cudzym kosztem. Ja momentami też
....?
3. Weronika chciałaby kupić sobie kilka nowych sukienek. Wszystkie kobiety zawsze ....
4. Janusz chciałby wreszcie zjeść coś konkretnego. Ja też ....
....
5. Czy chciałbyś dzisiaj spotkać się z nami? My ....
....
6. Ty chciałbyś nic nie robić i osiągać sukcesy. Niestety, twój brat też
....
7. Państwo Zielińscy chcieliby przeprowadzić się do Gdańska. Ale ich dzieci nie ....

4

Poniższe zdania proszę przekształcić według wzoru.

WZÓR: Daj mi spokój! *Czy mógłbyś dać mi spokój?*

1. Śpijcie już! ....
....
2. Zosiu, ugotuj coś na obiad! ....
....
3. Chcę zaprosić was do tej nowej restauracji. ....
....
4. Odwiedź nas jutro, Wojtku! ....
....
5. Proszę, odpowiedzcie na mój list! ....
....
6. Czy lubicie moją teściową? ....
....

7. Mówcie po polsku! ....
....
8. Proszę, niech państwo czytają ten tekst! ....
....

5

Proszę przekształcić poniższe zdania według wzoru.
WZÓR: Andrzej inwestuje w obligacje.
Warto by inwestować w obligacje.

1. Marek kupuje nową gitarę. ....
2. Idziemy gdzieś potańczyć. ....
3. Janek pije teraz więcej soków. ....
4. Michał oglądał już ten film. ....
5. Monika zapamiętała cały tekst. ....
6. Ekonomiści już o tym myślą. ....

6

Proszę uzupełnić zdania według własnego pomysłu.
WZÓR: Gdybym miał czas, *poszedłbym na spacer.*

1. Gdybym był bogaty, ...
2. Gdyby teraz padał śnieg, ...
3. Gdybym był na bezludnej wyspie, ...
4. Gdybym był ważnym politykiem, ...
5. Gdybym mógł być kimś innym, ...
6. Gdybym mógł żyć w innych czasach, ...
7. Gdybym mógł mieszkać w innym kraju, ...
8. Gdybym znał dobrze język polski, ...

7

Proszę uzupełnić zdania według wzoru.
WZÓR: Kazimierz ładnie śpiewa. Wszyscy chętnie go słuchają.
Gdyby Kazimierz ładnie śpiewał, słuchano by go chętnie.

1. Jestem znanym pisarzem. Czytają moje książki. ....
....
2. Ustanowiłem nowy rekord świata. Chwalą mnie. ....
....
3. Zawsze wszystkim psuję humor. Denerwują się na mój widok. ....
....

4. On jest kreatorem mody. Nawet w Paryżu szyją jego suknie......
....
5. Wykonawcy mają wreszcie dobry projekt. Zaczynają budować nowy stadion..
6. To jest doskonały produkt. Kupują go masowo..................
....
7. Jola jest wyjątkowo fotogeniczna. Chętnie ją fotografują...........
....
8. Opowiadasz stare i głupie dowcipy. Wszyscy mają cię dość.........
....

8

Proszę uzupełnić zdania według własnego pomysłu.

WZÓR: Poszedłbym do kina, *jeśli graliby (by grali) jeszcze ten film.*

1. Spotkałbym się z tobą, ...
2. Przestałbym palić papierosy, ...
3. Zacząłbym oszczędzać pieniądze, ...
4. Wyjechałbym w góry, ...
5. Prosiłbym was o pomoc, ...
6. Nigdy bym tutaj nie przyszedł, ...
7. Ubrałbym się cieplej, ...
8. Ożeniłbym się z tobą, ...

9

Wyrazy w nawiasach proszę podać w odpowiednich formach trybu przypuszczającego (warunkowego). **Uwaga!** ** oznacza formę bezosobową.

WZÓR: (piszę) – *pisałbym* ** *pisano by*

1.	(on, ja)	(gdy) stał się cud i (mogę) być tak wysoki i przystojny jak Krzysztof.
2.	(ja)	(mam) wtedy wspaniałe życie.
3.	(ja)	(wyglądam) przecież znacznie atrakcyjniej.
4.	(one)	W pracy koleżanki wreszcie (zainteresować) się moją osobą.
5.	(ono, ona)	Szczególnie (zależy) mi na tym, (że) Maria zwróciła na mnie uwagę.
6.	(ja)	Za jedno jej spojrzenie (oddam) wszystko.
7.	(ty)	Och Mario! (pomyśl) choć raz o mnie!
8.	(ja)	Dla Ciebie (zmieniam) się nie do poznania.
9.	(ja)	(przestaję) palić i grać w bingo.

10. (ja) (zajmuję) się czymś pożytecznym.
11. (ja) No i oczywiście (przedstawiam) Cię moim rodzicom.
12. (oni) (gdy) Cię zobaczyli, (przestają) mówić, że do niczego się nie nadaję.
13. (ja, **) Jeśli (jestem) tak elegancki i wykształcony, jak Krzysztof, (zapraszać) mnie wtedy na przyjęcia i prywatki.
14. (**) (rozmawiać) ze mną i (pić) za moje zdrowie.
15. (**) Po prostu (wiedzieć), że żyję.
16. (**) Nie (śmiać) się za moimi plecami.
17. (**) (lubić) mnie i (szanować) za mój wdzięk i urok osobisty.
18. (**) A w firmie? Pewnie (widzieć) mnie na innym stanowisku.
19. (**) (zaproponować) mi jakąś kierowniczą funkcję.
20. (**) (dać) mi własny gabinet.
21. (**) Może by nawet (zatrudnić) dla mnie osobistą sekretarkę.
22. (**) (móc) być tak pięknie.
23. (ja) (zarabiam) wtedy znacznie więcej niż teraz.
24. (ja) (mogę) sobie pozwolić na większe wydatki, a może i na małe inwestycje.
25. (ja) (kupuję) sobie kilka modnych garniturów.
26. (ja) (wynajmuję) małe mieszkanie.
27. (ja) I kto wie, czy nie (zdobywam) się nawet na samochód.
28. (ja) A już na pewno cały czas (posyłam) Marii kwiaty.
29. (ona) W końcu (zrozumieć) co do niej czuję.
30. (ona) Może nawet (zgadza) się zostać moją żoną.
31. (on) Tylko wcześniej (musi) stać się cud.
32. (ja) A (gdy) tak teraz do niej zadzwonił, nie czekając na cud?

10

Proszę wyjaśnić znaczenie poniższych zwrotów i określeń.

1. Oddać wszystko za jedno spojrzenie.
2. Zmienić się nie do poznania.
3. Bawić się cudzym kosztem.
4. Śmiać się z kogoś za jego plecami.
5. Czuć coś do kogoś.

Tryb przypuszczający (warunkowy)

* **tworzenie**

3. osoba liczby pojedynczej i mnogiej czasu przeszłego (zakończona na **-ł, -ła, -ło, -li, -ły**) + końcówki:

liczba pojedyncza	liczba mnoga
-bym	**-byśmy**
-byś	**-byście**
-by	**-by**

* **odmiana**

liczba pojedyncza			
osoba	rodzaj: męskoosobowy męskożywotny męskonieżywotny	rodzaj żeński	rodzaj nijaki
1.	mówił-**by**	mówiła-**bym**	–
2.	mówił-**byś**	mówiła-**byś**	–
3.	mówił-**by**	mówiła-**by**	mówiło-**by**

liczba mnoga		
osoba	rodzaj męskoosobowy	pozostałe rodzaje
1.	mówili-**byśmy**	mówiły-**byśmy**
2.	mówili-**byście**	mówiły-**byście**
3.	mówili-**by**	mówiły-**by**

9 Zróbmy to!

– Jolu, nie czytaj już tych książek!
– Daj mi spokój! Przecież muszę.
– Wcale nie. Lepiej chodźmy gdzieś! Zróbmy coś sympatycznego! Poddajmy się nastrojowi chwili!
– Jakiemu nastrojowi? Zwariowałeś? Włącz sobie telewizor!
– Proszę Cię! Miejmy wreszcie trochę czasu dla siebie!
– Nie proś o nic, kiedy studiuję! Nie marnuj mojego zapału! A najlepiej, zaparz kawę!
– Taak! Zaparz kawę! Idź po zakupy! Sprzątnij mieszkanie! Ugotuj coś na obiad! Tylko to od ciebie słyszę, odkąd zaczęłaś studiować.
– Nie przesadzaj, Darku! I zajmij się czymś ciekawym!
– Proszę, nie mów do mnie jak do małego dziecka!
– A ja proszę – nie pal tutaj! I nie podnoś na mnie głosu!
– Przepraszam! Nie złość się! Jestem trochę rozdrażniony.
– Może weź psa i idźcie na spacer!
– Psa? Ja sam czuję się jak pies!
– Przestań! Rób sobie, co chcesz, ale mi nie przeszkadzaj!
– Ale jest już prawie noc.
– Niech będzie!
– Połóżmy się spać!
– Kładź się sam!
– Sam? O nie! Mam żonę.
– Bój się Boga, Darku! Powiedz, o co ci chodzi!
– Domyśl się!
– Poczekaj chwilę! Już kończę.
– Czy mogę włączyć muzykę?
– Zrób to!
– Nie, lepiej zróbmy to razem!

ĆWICZENIA

1

Proszę odpowiedzieć na pytania dotyczące tekstu.

1. Dlaczego Jola czyta tak dużo wieczorami?
2. Co Darek chciałby robić wieczorem?
3. Czy Jola i Darek mają psa?
4. Czy Darek przeszkadza Joli?
5. Dlaczego Darek nie chce iść sam spać?
6. Czy Darek pali papierosy?
7. Czy Jola sprząta i gotuje?
8. Czy Jola lubi pić herbatę?
9. Czy Jola i Darek są zdenerwowani?
10. Co Darek proponuje Joli?

2

Proszę utworzyć formy trybu rozkazującego.
WZÓR: (ty) *Jedź* (jechać) ze mną!

1. (wy) .... (kupić) dla mnie litr mleka!
2. (ty) .... (zacząć) wreszcie myśleć!
3. (ty) .... (zapłacić) chociaż za siebie!
4. (ty) .... (mówić) do mnie jeszcze!
5. (wy) .... (zaprosić) nas kiedyś do siebie!
6. (wy) .... (spędzić) z nami ten wieczór!
7. (ty) .... (dać) mi jeszcze jedną szansę!
8. (wy) .... (przestać) sami siebie oszukiwać!

3

Proszę przekształcić zdania według wzoru.
WZÓR: On dużo czyta. Ty też dużo *czytaj*!

1. Ona mówi mi same komplementy. Ty też .... !
2. Oni budują nowy dom. My też .... !
3. Ja szanuję jego poglądy. Ty też .... !
4. My ignorujemy dyletantów. Wy też .... !
5. Ona często się modli. Ty też .... !
6. Oni nie boją się konfrontacji. My też się nie .... !

7. Adam pytał mnie o wszystko. Ty też .... !
8. Już się nad tym zastanowiłem. Ty też .... !
9. My zgadzamy się na wszystko. Ty też .... !
10. Dzisiaj gramy w szachy. Ty też .... !

4

Proszę utworzyć zdania według wzoru.

WZÓR: Czy Adam ma jechać? – *Niech jedzie!*

1. Oni nie chcą iść do dentysty.................................. !
2. Czy Anna ma kupić bilet dla ciebie? .... !
3. Czy oni mogą jeść tak późno? .... !
4. Czy Adam może wejść? .... !
5. One chcą spać.. !
6. Czy również on może próbować? .... !
7. Czy wszyscy muszą tego słuchać? .... !
8. Oni nie chcą na to patrzeć..................................... !
9. Rodzice chcą odpocząć.. !
10. Adam chyba umiera z miłości do Anny........................... !

5

Proszę utworzyć zdania według wzoru.

WZÓR: Czytaj ten list! – (pan) *Niech pan czyta ten list!*

1. Daj mi spokój! (pan) .... !
2. Zostań ze mną! (pani) .... !
3. Wróć jutro! (pan) .... !
4. Siadaj tutaj! (państwo) .... !
5. Zjedz coś! (panie) .... !
6. Czekaj jeszcze! (panowie) .... !
7. Zacznij sam! (pan) .... !
8. Kończ wreszcie! (pani) .... !
9. Myślcie o nas! (państwo) .... !
10. Wstydź się! (pani) .... !

6

Proszę samodzielnie utworzyć zdania według wzoru.

WZÓR: Adamie, jesteś zmęczony? – *To idź spać!*

1. Czy masz za dwa dni egzamin? .... !

2. Czy jesteście państwo głodni? . . . . !
3. Czy wiesz Marku, że palenie papierosów jest szkodliwe dla zdrowia?
. . . . !
4. Widzisz, Ewo, że potrzebuję twojej pomocy.
. . . . !
5. Już dawno powinieneś zrezygnować z tej brody.
. . . . !
6. Jest już prawie południe, a ty ciągle leżysz w łóżku.
. . . . !
7. Ta sukienka nie nadaje się na dzisiejszy wieczór.
. . . . !
8. Grałeś całe przedpołudnie w piłkę. Jesteś brudny i spocony.
. . . . !
9. Wiesz, że znowu czekałem na ciebie prawie godzinę?
. . . . !
10. Myślę, moja droga, że bylibyśmy świetnym małżeństwem. . . . .
. . . . !

7

Proszę uzupełnić zdania według wzoru.

WZÓR: Jeśli jesteś śpiący, to *śpij!*

1. Jeśli jesteś za gruba, to . . . . !
2. Jeśli macie pytania, to . . . . !
3. Jeśli masz pragnienie, to . . . . !
4. Jeśli nie masz pieniędzy, to . . . . !
5. Jeśli macie coś do powiedzenia, to . . . . !
6. Jeśli lubisz taką muzykę, to . . . . !
7. Jeśli musisz iść, to . . . . !
8. Jeśli masz numer jej telefonu, to . . . . !
9. Jeśli nikt nie słyszy tego, co mówisz, to . . . . !
10. Jeśli lubisz milczeć, to . . . . !

8

Wyrazy w nawiasach proszę podać w odpowiednich formach trybu rozkazującego.

WZÓR: (pisać) – *pisz!*

1. (ty) – Jolu nie (czytasz) już tych książek!
2. (ty) – (dajesz) mi spokój! Przecież muszę.

3. (my) – Wcale nie. Lepiej (chodzimy) gdzieś! (zrobimy) coś sympatycznego! (poddajemy) się nastrojowi chwili!
4. (ty) – Jakiemu nastrojowi? Zwariowałeś? (włączysz) sobie telewizor!
5. (my) – Proszę Cię! (mamy) wreszcie trochę czasu dla siebie!
6. (ty) – (prosisz) sobie ile chcesz! Ja teraz studiuję. Więc nie (marnujesz) mojego zapału! A najlepiej (zaparzysz) kawę!
7. (ty) – Taak! (zaparzasz) kawę! (idziesz) po zakupy! (sprzątasz) mieszkanie! (ugotujesz) coś na obiad! Tylko to od ciebie słyszę, odkąd zaczęłaś studiować.
8. (ty) – Nie (przesadzasz) Adamie! I (zajmujesz) się czymś ciekawym!
9. (ty) – Proszę, nie (mówisz) do mnie jak do małego dziecka!
10. (ty) – A ja proszę – nie (palisz) tutaj! I nie (podnosisz) na mnie głosu!
11. (ty) – Przepraszam! Nie (złościsz) się! Jestem trochę rozdrażniony.
12. (ty) – Może (weźmiesz) psa i (idziesz) na spacer! – Psa? Ja sam czuję się jak pies!
13. (ty) – (przestajesz)! (robisz) sobie co chcesz, ale mi nie (przeszkadzasz)! – Ale jest już prawie noc.
14. (ona) – Niech (jest)!
15. (my) – (położymy) się!
16. (ty) – (kładziesz) się sam! – Sam? O nie! Mam żonę.
17. (ty) – (boisz) się Boga Adamie! (powiedziałeś), o co ci chodzi!
18. (ty) – (domyślisz) się!
19. (ty) – (poczekasz) chwilę! Już kończę. – Czy mogę włączyć muzykę?
20. (ty) – (zrobisz) to!
21. (my) – Nie, lepiej (zrobimy) to razem!

9

Proszę wyjaśnić znaczenie poniższych zwrotów i określeń.

1. Poddać się nastrojowi chwili.
2. Mówić do kogoś jak do małego dziecka.
3. Podnosić na kogoś głos.
4. Czuć się jak (zbity) pies.
5. Marnować zapał.
6. Bać się Boga.
7. Umierać z miłości do kogoś.

Tryb rozkazujący

*** tworzenie**

– tworzy się od tematu czasowników niedokonanych i dokonanych
– nie ma formy 1. osoby liczby pojedynczej
– formę 2. osoby liczby pojedynczej czasowników I i II koniugacji tworzymy od tematu 3. osoby liczby pojedynczej czasu teraźniejszego (**pisz**-e, **mów**-i, **usłysz**-y)
– formę 1. i 2. osoby liczby mnogiej czasowników I i II koniugacji tworzymy jak wyżej, dodając odpowiednio końcówki **-my, -cie** (**pisz-my, mów-cie**)
– formę 2. osoby liczby pojedynczej czasowników III i IV koniugacji tworzymy od tematu 3. osoby liczby mnogiej czasu teraźniejszego (**graj**-ą, **śpiewaj**-ą)
– formę 1. i 2. osoby liczby mnogiej czasowników III i IV koniugacji tworzymy jak wyżej, dodając odpowiednio końcówki **-my, -cie** (**graj-my, zrozumiej-cie)**
– w 1. i 2. osobie liczby mnogiej oraz 2. osobie liczby pojedynczej występuje prosta forma trybu rozkazującego
– w 3. osobie obu liczb występują formy opisowe złożone z partykuły ***niech*** i form trybu oznajmującego czasu teraźniejszego (**niech pisze, niech grają**)

*** odmiana**

koniugacja I i II

liczba pojedyncza		liczba mnoga	
–		**piszmy**	**mówmy**
pisz	**mów**	**piszcie**	**mówcie**
niech pisze	**niech mówi**	**niech piszą**	**niech mówią**

koniugacja III i IV

liczba pojedyncza		liczba mnoga	
–		**śpiewajmy**	**zrozumiejmy**
śpiewaj	**zrozum**	**śpiewajcie**	**zrozumiejcie**
niech śpiewa	**niech zrozumie**	**niech śpiewają**	**niech zrozumieją**

10 List sentymentalny

Pani!

Piszę do Ciebie kolejny już raz, z nadzieją, że może chociaż jeden z moich listów zostanie przeczytany. Z nadzieją, że będę przez Ciebie znów zauważony. Twoja uroda i czar, które są powszechnie podziwiane, czynią mnie Twoim niewolnikiem. Ale mój żal do Ciebie jest niewypowiedziany. Bo jak zrozumieć to, że moja miłość została tak nagle odrzucona? A wszystkie nasze spotkania i miejsca, w których się widywaliśmy, zapomniane? Zostawiłaś mnie nagle, z tysiącem słów, które nie zostały wypowiedziane i tysiącem obietnic, które nie zostały spełnione. To ból, z którego nigdy chyba nie będę wyleczony.

Czy popełniłem grzech, który nie może mi zostać wybaczony? Czy może pojawił się ktoś inny, kto został przez Ciebie wybrany? Czy kochałaś mnie? Czy tylko myślałem, iż jestem kochany? Czy całowałaś mnie wtedy w ogrodzie? Czy tylko śniłem, że jestem całowany? Odpowiedz na te pytania! Odpowiedz, czy to była tylko gra, która właśnie została skończona?

Nie, Pani! To nie było złudzenie, które zostało stracone. To nie był sen, z którego zostałem brutalnie obudzony. Więc się nie dziw, że czuję się przez Ciebie oszukany.

Jutro wieczorem spotkamy się na balu, który jak zawsze jest organizowany o tej porze roku. Jutro muszę być przez Ciebie wysłuchany i zrozumiany. Wiem, że będziesz oblegana przez tłumy adoratorów, ale... Niech to będzie czas dla mnie. Ostatni już może raz dany mi przez Ciebie.

Oddany przyjaciel

ĆWICZENIA

1

Proszę odpowiedzieć na pytania dotyczące tekstu.

1. Czy bohaterka tekstu czyta listy od autora?
2. Czy autor listów kocha ich adresatkę?
3. Gdzie nasi bohaterowie spotykali się wcześniej?
4. Czy bohaterka tekstu kogoś całowała?
5. Gdzie i kiedy nadawca listów proponuje ostatnie spotkanie?
6. Czy adresatka ma wielu adoratorów?
7. Czy adresatka oszukała nadawcę listów?
8. Czy czas, który bohaterowie tekstu spędzili ze sobą, był stracony?
9. Czy w życiu bohaterki pojawił się inny mężczyzna?
10. Co boli autora listów?

2

Proszę przekształcić zdania w stronie czynnej na zdania w stronie biernej.
WZÓR: Anna czyta książkę. – *Książka jest czytana przez Annę.*

1. Nie zjadłem całego obiadu.

   ....

2. Adam kocha nie tylko Annę.

   ....

3. Państwo Nowakowscy odnawiają swój stary dom.

   ....

4. Ty zawsze robisz najwięcej zamieszania.

   ....

5. Dzisiaj wznosimy toasty tylko za twoje zdrowie.

   ....

6. Michał słucha wyłącznie twoich rad.

   ....

7. Nikt nie akceptuje takich idiotycznych pomysłów.

   ....

8. Mało kto ogląda teraz nieme filmy.

   ....

9. Mariusz czyta najchętniej literaturę popularnonaukową.

   ....

10. Kto z nas lubi Adama?

   ....

3

Proszę przekształcić zdania w stronie czynnej na zdania w stronie biernej.
WZÓR: Adam pisze list. – *List jest pisany przez Adama.*

1. My zawsze mile pana widzimy.
   ....
2. To był incydent, którego nikt nie pożądał.
   ....
3. Wy nie przemyśleliście jeszcze tej decyzji.
   ....
4. Życie nigdy mnie nie rozpieszczało.
   ....
5. Czy możemy przełożyć to spotkanie na jutro?
   ....
6. Adam nigdy nie zapomni o Annie.
   ....
7. Nie wiem, czy kiedyś będziesz znała odpowiedź.
   ....
8. Zawsze kiedy zapraszamy gości, pomijamy Adama.
   ....

4

Wyrazy w nawiasach proszę podać w odpowiedniej formie.
WZÓR: Ten problem (rozwiązać) – *będzie (jest, zostanie) rozwiązany*

1. Ta zupa (ugotować) .... na ostatnią chwilę.
2. Twój brak pieniędzy (spowodować) .... twoim własnym lenistwem.
3. Ten spektakl (oglądać) .... przez tysiące miłośników teatru.
4. To stara historia, która (zapominać) .... nawet przez historyków.
5. Minerały tej grupy (spotykać) .... sporadycznie w tym rejonie świata.
6. Janek (urodzić) .... pod szczęśliwą gwiazdą.
7. Trudno powiedzieć, że Marysia (wychować) .... poprawnie.
8. Świat (niszczyć) .... przez nas samych.
9. Ten rękopis (znaleźć) .... aż w Saragossie.
10. Ten podręcznik (przeznaczyć) .... specjalnie dla waszych potrzeb.

5

Proszę przekształcić podane zdania na stronę bierną.

WZÓR: Ostatni panujący Piast, Kazimierz Wielki, zakładał wiele nowych miast i wsi.

Wiele nowych miast i wsi zostało założonych przez ostatniego panującego Piasta, Kazimierza Wielkiego.

1. Mieszko I przyjął chrzest w 966 roku.

   ....

2. Polacy uznają Gniezno za swoją pierwszą stolicę.

   ....

3. Pierwszą unię Polacy i Litwini zawarli w 1385 roku, w Krewie.

   ....

4. Stolicę z Krakowa do Warszawy przeniósł król Zygmunt III Waza, w 1596 roku.

   ....

5. W swej historii najwięcej wojen Polacy prowadzili z Turcją, Rosją i Szwecją.

   ....

6. Król Jan III Sobieski ocalił Wiedeń przed Turkami w 1683 roku.

   ....

7. Rosja, Prusy i Austria dokonały ostatecznego rozbioru Polski w 1795 roku.

   ....

8. W roku 1918 Polska odzyskała niepodległość po 123 latach zaborów.

   ....

9. W czasie ostatniej wojny światowej hitlerowcy okupowali Polskę przez sześć lat.

   ....

10. Polacy z reguły dobrze znają własną historię.

    ....

6

Wyrazy w nawiasach proszę podać w odpowiednich formach strony biernej.

WZÓR: (być – słuchać) – *będę / jestem / został ...* – *słuchany*

1. (on) Piszę do Ciebie kolejny już raz, z nadzieją, że może chociaż jeden z moich listów (zostać – przeczytać).
2. (ja) Z nadzieją, że (być) przez Ciebie znów (zauważyć).
3. (one) Twoja uroda i czar, które (być) powszechnie (podziwiać), czynią mnie Twoim niewolnikiem.

4. (on) Ale mój żal do Ciebie (być – nie wypowiadać).
5. (ona) Bo jak zrozumieć to, że moja miłość (zostać) tak nagle (odrzucać)?
6. (one) A wszystkie nasze spotkania i miejsca, w których się widywaliśmy, (zapominać)?
7. (one) Zostawiłaś mnie nagle, z tysiącem słów, które nie (zostać – wypowiedzieć) i tysiącem obietnic, które nie (zostać – spełnić).
8. (ja) To ból, z którego nigdy chyba nie (być – wyleczyć).
9. (on) Czy popełniłem grzech, który nie może mi (zostać – wybaczać)?
10. (on) Czy może pojawił się ktoś inny, kto (zostać) przez Ciebie (wybrać)?
11. (ja) Czy kochałaś mnie? Czy tylko myślałem, że (być – kochać)?
12. (ja) Czy całowałaś mnie wtedy w ogrodzie? Czy tylko śniłem, że (być – całować)?
13. (ona) Odpowiedz na te pytania! Odpowiedz, czy to była tylko gra, która właśnie (zostać – skończyć)?
14. (on) Nie Pani! To nie był czas, który (zostać – stracić).
15. (ja) To nie był sen, z którego (zostać) brutalnie (obudzić).
16. (ja) Więc nie dziw się, że (czuć) się przez Ciebie (oszukiwać).
17. (on) Jutro wieczorem spotkamy się na balu, który jak zawsze (być – organizować) o tej porze roku.
18. (ja) Jutro muszę (być) przez Ciebie (wysłuchać) i (zrozumieć).
19. (ty) Wiem, że (być – oblegać) przez tłumy adoratorów, ale...
20. (on) Niech to (być) czas może ostatni już raz (dać) mi przez Ciebie.
21. (ja) (oddać) przyjaciel

7

Proszę wyjaśnić znaczenie poniższych zwrotów i określeń.

1. Być komuś oddanym.
2. Robić zamieszanie.
3. Wznosić toast.
4. Być rozpieszczonym przez życie.
5. Urodzić się pod szczęśliwą gwiazdą.

Strona bierna

* **tworzenie**

– stronę bierną tworzymy od czasowników przechodnich (tranzytywnych)

– formy strony biernej stanowi połączenie form osobowych czasownika **być** (**zostać**) z imiesłowem przymiotnikowym biernym wyrażonym w mianowniku (np. **był myty, zostali pytani**)

– jeśli czasownik **być** wyrażony jest w bezokoliczniku, to imiesłów przymiotnikowy bierny przybiera formę narzędnika (np. **być mytym, zostać pytanym**)

– czasownik **być** łączy się z czasem niedokonanym, a czasownik **zostać** – z dokonanym

* **odmiana**

czas teraźniejszy

liczba pojedyncza	liczba mnoga
jestem pytany	**jesteśmy pytani (pytane)**
jesteś pytany (pytana)	**jesteście pytani (pytane)**
jest pytany (pytana)	**są pytani (pytane)**

czas przyszły

liczba pojedyncza	liczba mnoga
będę pytany (pytana)	**będziemy pytani (pytane)**
będziesz pytany (pytana)	**będziecie pytani (pytane)**
będzie pytany (pytana)	**będą pytani (pytane)**

czas przeszły

liczba pojedyncza	liczba mnoga
byłem (byłam) pytany (pytana)	**byliśmy (byłyśmy) pytani (pytane)**
byłeś (byłaś) pytany (pytana)	**byliście (byłyście) pytani (pytane)**
był (była) pytany (pytana)	**byli (były) pytani (pytane)**

11 Trudno się zdecydować

Kiedyś trzeba wreszcie spytać samego siebie o to, co chciałoby się robić w życiu. Ja pytałem siebie już wiele razy. I chyba zrobiłem też niejedno. Najpierw śpiewałem w operze, a dokładniej w chórze operowym. Nigdy nie miałem więc takiej szansy, by zaśpiewać coś samodzielnie. Po roku zrezygnowałem. Ja, niestety, często rezygnuję. Pomyślałem sobie wtedy, że to nie dla mnie, ale dziś już myślę trochę inaczej.

Później pojechałem za ocean. Nie jechałem zresztą sam. W tym czasie wiele młodych osób decydowało się na taki krok. Czemu więc ja nie miałbym się zdecydować. Już w trakcie podróży ktoś mi poradził, żebym otworzył polską restaurację. Ludzie lubią radzić innym. Zacząłem więc gotować. Ugotowałem setki naprawdę dobrych obiadów i kolacji. Ale i sam się przy tym ugotowałem. Dlaczego? To oczywiste. Amerykanie boją się utyć. A tyje tam wiele osób i wcale nie potrzebują do tego polskiej kuchni.

To kolejne niepowodzenie bardzo mnie zmartwiło. Na szczęście nie umiem martwić się zbyt długo. Po jakimś czasie wróciłem do kraju i nauczyłem się nowego zawodu. Ciągle jeszcze uczę się szybko. Zostałem fryzjerem. Czesałem i strzygłem ludzi całymi dniami. Czasem miałem okazję uczesać lub ostrzyc kogoś znanego – jakiegoś sportowca czy aktora. Ale i to szybko się skończyło. Bo wszystko przecież kiedyś się kończy. Jak to było? Goliłem znanego polityka. Spieszył się. Ja też, niestety. Więc nie ogoliłem go zupełnie tak, jak sobie życzył.

Przez pewien czas pisałem opowiadania i nowele. Napisałem ich kilkanaście. Były całkiem interesujące. Wiem, bo przeczytałem je parę razy. Problem w tym, że nikt inny ich nie czytał.

Teraz żyję z dnia na dzień. Oczywiście nie chcę przeżyć tak całego życia. Muszę zdecydować się na coś nowego. Lubię decydować. Ale tym razem...

ĆWICZENIA

1

Proszę odpowiedzieć na pytania dotyczące tekstu.

1. Czy Adam był artystą operowym?
2. Czy Adam wyjechał do Australii?
3. Jaką pracę wykonywał na obczyźnie?
4. Czy Adam jest dobrym kucharzem?
5. Czy Amerykanie mają problemy z nadwagą?
6. Kogo najchętniej strzygł Adam?
7. Kto był niezadowolony z jego fryzjerskich usług?
8. Jakim rodzajem literatury zajmował się Adam?
9. Jakie plany na przyszłość ma Adam?
10. W jakiej sytuacji finansowej jest obecnie Adam?

2

Użyte w zdaniach czasowniki proszę podać w formie dokonanej.

WZÓR: Michał pisał list, ale go nie *napisał*.

1. W zasadzie rozumiem język polski. Nie wiem jednak, czy kiedyś .... samych Polaków.
2. Adam pytał już wszystkich o sens istnienia. Nie .... jedynie samego siebie.
3. Anna robi doskonały sernik. Mam nadzieję, że na dzisiejsze przyjęcie też go ....
4. Powoli tracę cierpliwość do moich studentów. Aż boję się myśleć, co będzie, gdy .... ją do końca.
5. Wszystko się kiedyś kończy. Ale kiedy .... się ta nudna lekcja?
6. Wiem, że często coś gubisz, Anno. Nie rozumiem jednak, jak mogłaś .... nasze meble.
7. Adam zawsze buduje tylko zamki na lodzie. Czekam, aż wreszcie .... coś realnego.
8. Z reguły nie jem kolacji tak późno. Ale z tobą chętnie teraz coś jeszcze ....

3

Użyte w zdaniach czasowniki proszę podać w formie dokonanej.
WZÓR: Janek czytał książkę, ale jej nie *przeczytał*.

1. Czekałeś już tyle lat. Czy nie możesz .... jeszcze kilka dni?
2. Ewo, całowałaś mnie tysiące razy. Dlaczego więc nie chcesz .... mnie ten ostatni raz?
3. To prawda, że gotuję dobrze. Ale wiem, iż .... prawdziwy bigos nie jest wcale łatwo.
4. Dzisiaj pijemy wódkę w zasadzie bez okazji. Możemy więc .... nawet za zdrowie twojej teściowej.
5. Od trzech dni uczymy się do egzaminu. Jest szansa, że zdążymy .... wszystkiego.
6. Piotr goli się zawsze rano. Dzisiaj jednak zaspał i nie .... przed wyjściem do pracy.
7. Czy to prawda, Mario, że grasz na kontrabasie? Może teraz .... nam coś ładnego?
8. Szukałem twoich okularów już chyba wszędzie. Teraz ty sama .... spokojnie ostatni raz.
9. Bardzo nie lubię myć się w zimnej wodzie. Więc przed obiadem .... tylko ręce.
10. Nie musicie państwo notować wszystkiego, co mówię. Ale podstawowe informacje warto jednak ....
11. Mój wujek ma chore oczy i niestety ślepnie. Lekarz mówi jednak, że nie .... całkiem.
12. Papuga Agaty jest tak inteligentna i ufna, że można ją karmić prosto z ręki. Jeśli chcesz, możesz sam ją ....
13. Moja jedyna biała koszula właśnie schnie po praniu. Nie mam pojęcia, czy .... do wieczora.
14. Kiedy słyszę twój głos przez telefon, natychmiast mam dobry humor. Wierzę, że i jutro też go ....
15. Wszyscy wiecie, że ja sam nie lubię się chwalić. Dlatego wy .... mnie za to, co dla was zrobiłem.
16. Twoje postępowanie nie prowadzi do niczego dobrego. Boję się, że kiedyś .... cię w ślepy zaułek.

4

Użyte w zdaniach czasowniki proszę podać w formie dokonanej.

WZÓR: Teraz idziemy do kina. Czy ty też *pójdziesz?*

1. Biorę udział w spotkaniu absolwentów naszej szkoły. Mam nadzieję, że ty też ....
2. Dochodzę do wniosku, że to wszystko nie ma większego znaczenia. I wiem, że wy też kiedyś .... do takiego przeświadczenia.
3. Jest późno i kładę się właśnie spać. Może i ty wreszcie się ....
4. Wczoraj mówiłaś dużo przykrych rzeczy. Czy właśnie to chciałaś ....?
5. Od pięciu lat wkładam na siebie tę samą starą i niemodną sukienkę. Dzisiaj chcę .... coś nowego.
6. Jola dokłada jeszcze dwadzieścia złotych na wspólny prezent dla Andrzeja. Kto jeszcze trochę ....?
7. Jutro pan dyrektor po wielu latach pracy odchodzi na emeryturę. Wszyscy wiemy, jak trudno jest mu ....
8. To ćwiczenie jest trudne i odkładamy je na później. Pozostałych nie możemy niestety ....
9. Opowiadałem wam tę historię wiele razy. Skoro chcecie, ... i teraz.
10. Widzę, że przychodzę nie w porę. Może będzie lepiej, jeśli .... jutro.
11. My wszyscy lubimy siadać na tej ławce. Jest nas jednak za dużo, by .... na niej razem.
12. Niechętnie wchodzę do gabinetu stomatologicznego. Czy mógłbyś .... razem ze mną?
13. Urszula widziała ten sentymentalny i łzawy film już siedem razy. Tomek nie ma chęci go ....
14. Trudno znajdować się w kilku miejscach jednocześnie. Ty nie potrafisz .... właściwie nawet w tym jednym.
15. Wiem, że chcesz wyjechać. Ale nie .... bez pożegnania.
16. Jeśli chcesz, to możesz wjechać do mojego garażu. Ale nie .... tyłem.

5

Proszę wybrać właściwy czasownik i podać go w odpowiedniej formie.

1. W tej starej fabryce palił się wczoraj magazyn. Niestety, mimo szybkiej interwencji, (zapalić, wypalić, spalić) .... się cały.
2. Radzę ci, żebyś tego nie robił. W przeciwnym razie będziesz musiał (doradzić, poradzić, zaradzić) .... sobie sam.
3. Wcale nie musisz tyle gadać przez cały wieczór. Czy ty nie boisz się, że kiedyś nas wszystkich (obgadać, zagadać, wygadać) .... na śmierć?
4. Kiedy jest nam smutno, śpiewamy tę piosenkę. Myślę, że i dzisiaj ją sobie (pośpiewać, wyśpiewać, zaśpiewać) ....
5. Kto niesie tę ciężką walizkę? Będzie lepiej, jeśli (wynieść, ponieść, zanieść) .... ją razem na dworzec.
6. Anna nie paliła papierosów prawie dwa lata. Dzisiaj, niestety, znowu (wypalić, zapalić, spalić) ....
7. Kelner proponował nam wiele wykwintnych i wspaniale nazywających się potraw, ale niczego taniego nie (zaproponować, wyproponować, doproponować) ....
8. Dlaczego pukasz tak cicho? Następnym razem (popukać, wypukać, zapukać) .... zdecydowanie głośniej.

6

Podane czasowniki proszę podać w odpowiednich formach dokonanych, posiłkując się tekstem opowiadania.

1. pytać – ....
2. robić – ....
3. śpiewać – ....
4. rezygnować – ....
5. myśleć – ....
6. jechać – ....
7. decydować – ....
8. radzić – ....
9. gotować – ....
10. tyć – ....
11. martwić – ....

12. uczyć – ....
13. czesać – ....
14. strzyc – ....
15. kończyć – ....
16. golić – ....
17. pisać – ....
18. czytać – ....
19. żyć – ....

7

Proszę wyjaśnić znaczenie poniższych zwrotów i określeń.

1. Samemu się ugotować.
2. Żyć z dnia na dzień.
3. Budować zamki na lodzie.
4. Ślepy zaułek.
5. Przyjść nie w porę.
6. Zagadać kogoś na śmierć.

Podstawowe (prymarne) pary aspektowe czasowników

* **tworzenie**

– parę aspektową tworzą czasownik niedokonany i utworzony od niego czasownik dokonany
– czasownik dokonany można tworzyć przez dodanie prefiksu do czasownika niedokonanego (np. czytać – **prze**czytać lub jeść – **z**jeść)
– czasownik dokonany można tworzyć przez wymianę sufiksu tematycznego (np. chwyt**a**-ć – chwyc**i**-ć)
– czasownikiem dokonanym może też być czasownik różny od niedokonanego (np. iść – **pójść**)

12 Mów sobie, co chcesz!

To prawda, że nie mówisz jeszcze zbyt dobrze po polsku. Ale nie wmówisz mi, że właśnie dlatego jesteś taki smutny. Czekaj! Tylko zamówię kawę i wtedy spokojnie wszystko omówimy. Jesteś moim studentem już od trzech lat. Możemy więc pomówić szczerze. Masz trudności. Nie potrafisz czasem czegoś poprawnie wymówić. A deklinacja? Umówmy się, że jest trudna – zgoda. Studiujesz nieco długo, dłużej niż inni. Ale i to prawdę mówiąc niczemu nie przeszkadza. W końcu to nie ja namówiłem cię, byś uczył się mojego języka. Pamiętam, że powodem tej decyzji była Basia.

To nie pierwszy przypadek, kiedy Polka zawróciła w głowie cudzoziemcowi. Chciałeś się z nią umówić. Zresztą Basia jest piękna, nie można jej tego odmówić.

Ja jestem świetnym lektorem i nie ma tu o czym mówić. Dlatego właśnie ja powinienem przemówić ci do rozsądku. Nie chciałbym, żeby były między nami jakieś niedomówienia. Ty sam przymawiałeś się o dodatkowe lekcje i konsultacje. Często słyszałem, jak inni studenci protestowali i, wierz mi, nie raz obmówili cię za plecami. Nie zachowuj się więc teraz tak, jakby wszystko zmówiło się przeciwko tobie. Lepiej daj namówić się na małą kawę. To pomaga. Łatwiej się wtedy rozmówić. Jest mi niewymownie przykro, że masz takie stresy. Dlatego nigdy nie odmówię ci pomocy. Każdy problem gramatyczny możemy omówić jeszcze raz. Tylko nie próbuj wmówić sobie, że jesteś za stary i za mało zdolny. Myśl raczej o Basi. Jak będzie szczęśliwa i zaskoczona, kiedy wreszcie przemówisz do niej poprawnie, w jej ojczystym języku. A kiedy będziesz chciał umówić się z nią na kolację, spacer czy do kina, nie odmówi ci jak trzy lata temu. Mów sobie, co chcesz! Ale mów po polsku!

ĆWICZENIA

1

Proszę odpowiedzieć na pytania dotyczące tekstu.

1. Czy student Adama mówi dobrze po polsku?
2. Od jak dawna Adam uczy swojego studenta?
3. Dlaczego student Adama postanowił uczyć się języka polskiego?
4. Czy Polki wywierają duże wrażenie na cudzoziemcach?
5. Czym zajmuje się zawodowo Adam?
6. Co student Adama myśli o polskiej deklinacji?
7. Czy student Adama jest młodym człowiekiem?
8. Co można powiedzieć o urodzie Basi?
9. Kto zamówił kawę?
10. Czy Adam i jego student przyjaźnią się?

2

Proszę uzupełnić poniższe zdania czasownikiem *pisać*, dodając do niego odpowiedni prefiks (*na-, od-, pod-, przy-, w-, z-(s-), do-, o-, po-, prze-, roz-, wy-, za-*).

1. List od Anny dostałem już dwa tygodnie temu. Dzisiaj chciałbym wreszcie jej ....
2. Wykłady profesora Nowaka są niebywale interesujące. Chętnie .... się do jego grupy.
3. Adam Mickiewicz .... większość swoich wierszy na obczyźnie.
4. Tylko pan był świadkiem tego incydentu. Czy może nam pan teraz wszystko spokojnie .... ?
5. Nie mogę dalej notować. Właśnie .... się mój długopis.
6. Nie byłem wczoraj na lekcji. Czy mogę .... wszystko z twojego zeszytu?
7. To jest ciekawy szkic literacki, ale brakuje mu zakończenia. Musisz je szybko ....
8. Mój kolejny telegram do Anny liczy 2345 słów. Chyba trochę za bardzo się tym razem ....
9. To są ważne dokumenty. Dlatego proszę się pod nimi starannie i czytelnie ....

10. Jeśli interesujecie się państwo naszymi kursami szycia i szydełkowania, to proszę .... się na listę uczestników.
11. Marcin zawsze nienaturalnie zachowuje się w obecności kobiet. On chce za wszelką cenę .... się przed nimi.
12. Na pisemnym egzaminie z chemii organicznej Adam był w trudnej sytuacji. Anna siedziała tyłem do niego, więc nie mógł od niej niczego ....
13. Nie ma pewności, kto namalował ten obraz. Najczęściej jednak .... się go Juliuszowi Kossakowi.

3

Proszę uzupełnić poniższe zdania czasownikiem *czytać*, dodając do niego odpowiednie prefiksy (*za-, do-, wy-, na-, w-, roz-, od-, prze-, po-*).

1. Jest już późno. Chyba zostanę w domu i trochę sobie ....
2. To wszystko jest napisane w tym artykule. Musisz tylko bardzo dokładnie .... się w tekst.
3. Jeszcze nie skończyłeś czytać tej książki, a już chcesz o niej dyskutować. Będzie lepiej, jeśli .... ją do końca.
4. Kiedyś nie lubiłem literatury popularnonaukowej. Teraz już się w niej trochę ....
5. Przez pięć lat studiów Stefan .... wiele książek i opracowań dotyczących fizyki jądrowej.
6. Justyna pisze tak niewyraźnie i niestarannie, że .... jej listów jest prawie niemożliwe.
7. Moja ciotka Agata kocha literaturę kryminalną. Można powiedzieć, że się nią ....
8. Czy to prawda, że od roku Janek nie .... ani jednej książki?
9. Nie wiem, gdzie .... takie sensacyjne informacje. Myślę, że chyba nie są prawdziwe.

4

Proszę uzupełnić poniższe zdania czasownikiem *robić*, dodając do niego odpowiednie prefiksy (*do-, nad-, od-, pod-, roz-, w-, z-, na-, ob-, po-, prze-, u-, wy-, za-*)

1. Pan Goliński nigdy nie lubił pracować. Może właśnie dlatego niczego się w życiu nie ....

2. Mamy tylko jeden komplet kluczy do naszego nowego mieszkania. Musimy koniecznie .... jeszcze jeden.
3. Wiem, że bardzo chciałaś mieć to futro. Ale nie musiałaś .... tylu długów.
4. Praca w hucie szkła jest ciężka. Trzeba solidnie .... się w ciągu całego dnia.
5. Janek długo chorował i nie był w szkole. Teraz musi szybko wszystko ....
6. Michał ma duże gospodarstwo rolne. Nie mam pojęcia, jak on sam może to wszystko ....
7. Praca domowa z gramatyki nie jest nigdy fascynująca. Muszę jednak zawsze ją ....
8. Jutro nie będę mieć czasu dla ciebie. Muszę pozałatwiać różne pilne sprawy i .... podstawowe zakupy.
9. To nie jest oryginalny obraz Jana Matejki. Zastanawiamy się jednak, kto i kiedy tak doskonale go ....
10. Mój samochód jest stary i wyeksploatowany. Nie można go w żaden sposób .... na nowe sportowe auto.
11. Ta farba jest za gęsta, żeby malować nią ściany. Trzeba więc ją .... dolewając trochę wody.
12. Projekt budowy nowego hotelu w środku parku jest kontrowersyjny. Nie wiem, czy uda się wam dla niego .... opinię publiczną.
13. Pracowałem szesnaście godzin. .... się po łokcie. Teraz chcę już tylko spać.
14. Jesteś podobno moim przyjacielem. Dlaczego więc chcesz mnie .... w małżeństwo z twoją siostrą?
15. Spotkamy się dopiero wieczorem. Mam dużo pracy i wcześniej absolutnie się nie ....
16. Jesteś rozsądnym człowiekiem. Jak mogłeś .... tak wielkie głupstwo?
17. Chyba zrezygnuję z pracy w tej firmie. Płacą tu za mało. A ja przecież muszę .... na moją rodzinę.

5

Proszę uzupełnić poniższe zdania czasownikiem *mówić*, dodając do niego odpowiednie prefiksy. (**) – oznacza formę bezokolicznika lub formę nieosobową.

1. (ty) – To prawda, że nie .... jeszcze zbyt dobrze po polsku. Ale nie .... mi, że właśnie dlatego płaczesz.

2. (ja, my) Czekaj! Tylko ....
kawę i wtedy spokojnie wszystko ....
3. (my) Jesteś moim studentem już od trzech lat. Możemy więc ..
.... szczerze.
4. (**) Masz trudności. Nie potrafisz czasem czegoś poprawnie ..
....
5. (my) A deklinacja? .... się, że jest trudna – zgoda.
6. (ja) Studiujesz nieco długo, dłużej niż inni. Ale i to prawdę mówiąc niczemu nie przeszkadza. W końcu to nie ja, ...
.... cię, byś uczył się mojego języka. Pamiętam, że powodem tej decyzji była Basia. To nie pierwszy przypadek, kiedy Polka zawróciła w głowie cudzoziemcowi.
7. (ty) Chciałeś się z nią ....
8. (ona) Zresztą Basia jest piękna, nie można jej tego ....
9. (**) Ja jestem świetnym lektorem i nie ma tu o czym ....
Dlatego właśnie ja powinienem ....
ci do rozsądku. Nie chciałbym, żeby były między nami jakieś niedomówienia.
10. (ty) Ty sam .... się
o dodatkowe lekcje i konsultacje.
11. (oni) Często słyszałem, jak inni studenci protestowali i, wierz mi, nie raz .... cię za plecami.
12. (**) Nie zachowuj się więc tak, jakby wszystko ....
się przeciwko tobie. Lepiej daj .... się na małą kawę. To pomaga. Łatwiej się wtedy ....
13. (ja) Jest mi niewymownie przykro, że masz takie stresy. Dlatego nigdy nie .... ci pomocy.
14. (**) Każdy problem gramatyczny możemy ....
jeszcze raz.
15. (**) Tylko nie próbuj .... sobie, że jesteś za stary i za mało zdolny. Myśl raczej o Annie.
16. (ty) Jak będzie szczęśliwa i zaskoczona, kiedy wreszcie ....
.... do niej w jej ojczystym języku.
17. (**, ona) A kiedy będziesz chciał ....
się z nią na kolację, spacer czy do kina, nie ....
ci jak siedem lat temu. Mów sobie, co chcesz! Ale mów po polsku!

6

Proszę wyjaśnić znaczenie poniższych zwrotów i określeń.

1. Obmówić kogoś za jego plecami.
2. Przemówić komuś do rozsądku.
3. Zawrócić komuś w głowie.
4. Wszystko zmówiło się przeciwko mnie.
5. Jest mi niewymownie przykro.
6. Robić coś za wszelką cenę.
7. Urobić się po łokcie.

Drugie ogniwo aspektu

* **tworzenie**

- do większości czasowników niedokonanych można dodać szereg prefiksów, które nie tylko zmieniają je w dokonane, ale też zmieniają ich znaczenie
- prefiksy spełniają dwie funkcje: **zmiany aspektu** i **znaczeniową**
- od czasowników dokonanych z prefiksem spełniającym dwie funkcje można tworzyć nowe czasowniki niedokonane

* **przykłady**

- **wy**grać (odnieść sukces, nie tylko w grze, ale i w życiu, pracy, nauce, np. Michał pracuje bardzo sumiennie. Na tym może jedynie **wygrać.**)
- **prze**lecieć (szybko minąć, np. Dzień **przeleciał** nie wiadomo kiedy;
  robić coś mało uważnie, np. Kasia **przeleciała** wzrokiem po całej wystawie.)

13 Opamiętaj się!

– Czy wiesz Tomku, która jest godzina? Miałeś przygotowywać się do egzaminów.
– Ależ zdążę się przygotować – obiecuję.
– Obiecywałeś już kilka razy. Jak długo będziemy musieli przypatrywać się jeszcze twojej bezczynności? Masz prawie trzydzieści lat i nawet nie zacząłeś studiować.
– No tak, ale...
– Ale razem z mamą mamy dosyć tego wszystkiego. Jeśli chcesz zamiatać ulice, to proszę bardzo. Tylko że ty nie potrafisz zamieść własnego pokoju.
– Tato pozwól, że...
– Pozwalaliśmy ci na wszystko. Więc może to ty pozwolisz mi teraz skończyć? Nie musisz otrzymywać wszystkiego za darmo do końca życia. Otrzymałeś już wystarczająco dużo. Nawet nie będziesz wiedział, kiedy przelecą ci najlepsze lata. Zwłaszcza młodość lubi szybko przelatywać. Jeśli masz zamiar odegrać jakąś istotną rolę, to przestań odgrywać błazna i bierz się do roboty! Przypatrz się wreszcie sam sobie i nie wydymaj bezmyślnie warg.
– Dobrze, już więcej ich nie wydmę.
– My nawet wstydzimy się zaprosić Kowalskich na kolację czy brydża. A sam doskonale wiesz, jak bardzo lubimy ich zapraszać. Powód jest prosty. Nie chcemy dowiadywać się ciągle jak, zdolny i inteligentny jest ich syn Krzysztof, który właśnie kończy studia medyczne. Bo oni też chcieliby dowiedzieć się czegoś o naszym dziecku.
– Opanuj się, tato! Przecież nie będę uciekał od tego, jaki jestem.
– Bo nie można uciec od siebie samego. Tylko jak mamy z mamą opanowywać nasze stresy i emocje? Czy mamy umrzeć, patrząc jak zmarnowałeś swoje życie?
– Jeśli moglibyście jeszcze trochę nie umierać, to obiecuję wam pogodną starość.

ĆWICZENIA

1

Proszę odpowiedzieć na pytania dotyczące tekstu.

1. Czy Tomek przygotowuje się do egzaminów?
2. Czy Tomek jest studentem?
3. Ile lat ma Tomek?
4. Czy Tomek zajmuje się zamiataniem ulic?
5. Dlaczego rodzice Tomka są zdenerwowani?
6. Dlaczego rodzice Tomka nie zapraszają już do siebie państwa Kowalskich?
7. Czy Krzysztof Kowalski studiuje ekonomię?
8. Czy Tomek jest niedobrym synem?
9. Czy Tomek często wydyma wargi?
10. Czy Tomek ucieka sam od siebie?

2

Występujące w zdaniach czasowniki proszę przekształcić według wzoru.

WZÓR: przygotować – *przygotowywać*

1. Akwarium Michała było nieszczelne i wyciekała z niego woda. Na szczęście niewiele zdążyło jej . . . .
2. Przysyłasz mi tak dużo listów. Czy w jednym z nich mogłabyś . . . . swoje zdjęcie?
3. Wczoraj wyjątkowo długo zostałem w pracy. Nie wyobrażam sobie jednak, bym miał częściej . . . .
4. Moje dzieci systematycznie wyłudzają ode mnie pieniądze. Nie wiem tylko, od kogo ja mam je . . . .
5. Pan dyrektor nagrodził w tym miesiącu cały nasz zespół. Jestem zdania, że ludzi powinno się stale . . . . za dobrą pracę.
6. Bigos jest smaczniejszy, kiedy po ugotowaniu zamrozi się go. W zasadzie powinno się . . . . go kilka razy.
7. Policja szybko zatrzymała złodzieja, który okradł nasz sklep. Jest więc nadzieja, że nie będzie już . . . . innych.
8. Nikt z nas tak naprawdę nie lubi zmywać naczyń. Po dzisiejszej kolacji niestety ja muszę je . . . .
9. Zimą trudno jest ogrzać tak duży dom jak wasz. Na szczęście nie

trzeba .... go latem.

10. Nie jesteśmy już w stanie odczytać bez problemów tego staropolskiego tekstu. Takie zabytki powinni .... specjaliści.
11. Twój syn nie potrafi zachować się grzecznie. Wszystkie twoje dzieci powinny .... się lepiej.

3

Występujące w zdaniach czasowniki proszę przekształcić według wzoru.

WZÓR: zachować – *zachowywać*

1. Niestety, nie wiadomo ilu ludzi podpisywało cyrograf z diabłem. Pan Jan Twardowski był pierwszym naszym rodakiem, który go ....
2. Ludzie umierają na skutek starości oraz różnych chorób i wypadków. Zastanawiam się, czy można .... z nudów.
3. Strach jest tym uczuciem, które często trudno jest opanować. Ale czy zawsze musimy się .... ?
4. Wczoraj zamalowałem jedną ścianę na zielono, ponieważ lubię ten kolor. Żona przekonała mnie jednak wieczorem, że nie powinienem niczego więcej .... bez jej zgody.
5. Anna jest sekretarką, dlatego musi przepisywać wiele listów i dokumentów. Wczoraj jednak nie zdążyła wszystkiego ....
6. Krzysztof Kolumb odkrył Amerykę. My .... ją codziennie.
7. Urlop był krótki, więc nawet nie wyspałem się dobrze. A może ja już nie potrafię normalnie .... ?
8. Nie wiem, jak pan może wysiadywać całymi dniami na tych nudnych konferencjach. Ja nie mogę tu .... nawet pięciu minut.
9. Wiem, że w życiu nie zawsze można wygrywać. Ale ten jeden jedyny raz chciałbym ....
10. Dokupiłem dwa nowe plakaty do mojej kolekcji. Los kolekcjonera polega na tym, że stale musi coś ....
11. To bardzo nieładnie podsłuchiwać cudze rozmowy. Waszą ja .... przez przypadek.

4

Proszę uzupełnić według wzoru.

WZÓR: podsłuchać – *podsłuchiwać*

1. przygotować ....
2. domalować ....
3. odpisać ....
4. przemyśleć ....
5. przypatrzeć się ....
6. odsiedzieć ....
7. okraść ....
8. dogodzić ....
9. wydusić ....
10. utrzeć ....
11. wymieść ....
12. zassać ....

5

Proszę uzupełnić według wzoru.

WZÓR: *wymieść* – wymiatać

1. .... dolatywać
2. .... dowiadywać się
3. .... odkrzykiwać
4. .... podtrzymywać
5. .... ogrzewać
6. .... rozmywać
7. .... wyciekać
8. .... przybywać
9. .... zawilgać
10. .... wymyślać
11. .... docierać
12. .... zarabiać

6

Proszę uzupełnić poniższe zdania według wzoru.

WZÓR: przespać – *przesypiać* (*Nie jesteś niedźwiedziem, żeby przesypiać całą zimę.*)

1. – Czy wiesz Tomku, która jest godzina? Miałeś (przygotować) .... się do egzaminów.
2. – Ależ zdążę się (przygotowywać) .... – obiecuję.

3. – (obiecałeś) .... już kilka razy. Jak długo będziemy musieli (przypatrzeć się) .... jeszcze twojej bezczynności? Masz prawie trzydzieści lat i nawet nie (zaczynałeś) .... studiować.
4. – No tak, ale...
5. – Ale razem z mamą mamy dosyć tego wszystkiego. Jeśli chcesz (zamieść) .... ulice, to proszę bardzo. Tylko że ty nie potrafisz (zamiatać) .... własnego pokoju.
6. – Tato, pozwól, że...
7. – (pozwalamy) ci na wszystko. Więc może to ty (pozwalasz) .... mi teraz skończyć? Nie musisz (otrzymać) .... wszystkiego za darmo do końca życia. (otrzymywałeś) .... już wystarczająco dużo. Nawet nie będziesz wiedział, kiedy (przeleciały) .... ci najlepsze lata. Zwłaszcza młodość lubi szybko (przelecieć) .... Jeśli masz zamiar (odgrywać) .... jakąś istotną rolę, to przestań (odegrać) .... błazna i bierz się do roboty! (przypatruj się) .... wreszcie sam sobie i nie (wydmij) .... bezmyślnie warg.
8. – Dobrze, już więcej ich nie (wydymam) ....
9. – My nawet wstydzimy się (zapraszać) .... Kowalskich na kolację czy brydża. A sam doskonale wiesz, jak bardzo lubimy ich (zaprosić) .... Powód jest prosty. Nie chcemy (dowiedzieć się) .... ciągle, jak zdolny i inteligentny jest ich syn Krzysztof, który właśnie kończy studia medyczne. Bo oni też chcieliby (dowiadywać się) .... czegoś o naszym dziecku.
10. – (opanowywuj się) .... tato! Przecież nie będę (uciec) .... od tego, jaki jestem.
11. – Bo nie można (uciekać) .... od siebie samego. Tylko jak mamy z mamą (opanować) .... nasze stresy i emocje? Czy mamy (umierać) .... patrząc, jak (zmarnujesz) .... swoje życie?
12. – Jeśli moglibyście jeszcze trochę nie (umrzeć) ...., to obiecuję wam pogodną starość.

7

Proszę wyjaśnić znaczenie poniższych zwrotów i określeń.

1. Młodość lubi szybko przelatywać.
2. Odgrywać (robić z siebie) błazna.
3. Uciekać od samego siebie.
4. Mdleć (omdlewać) przy byle okazji.
5. Podpisać cyrograf z diabłem.
6. Umierać z nudów.
7. Odkrywać Amerykę.
8. Pogodna starość.
9. Brać się do roboty.
10. Wydymać bezmyślnie wargi.
11. Odgrywać istotną rolę.

Wtórne pary aspektowe – trzecie ogniwo aspektu

* **tworzenie**

– podstawę stanowi czasownik dokonany prefiksalny, np. **do**czytać, który ma nowe znaczenie w stosunku do czasownika niedokonanego **czytać**
– przez wymianę sufiksu tematycznego czasownika dokonanego prefiksalnego (tu **do**czytać) tworzy się nowy czasownik niedokonany (doczyt**ywać**)
– nowy czasownik niedokonany ma to samo znaczenie, co czasownik dokonany, od którego został utworzony, ale informuje o funkcji będącej w toku – dziejącej się – niedokonanej

* **przykłady**

0	1	2	3
czasownik niedokonany	czasownik dokonany	czasowniki dokonane o nowym znaczeniu	czasowniki niedokonane o tym samym znaczeniu
czytać	**prze**czytać	**od**czytać **wy**czytać **do**czytać	odczyt**ywać** wyczyt**ywać** doczyt**ywać**
prymarne pary aspektowe		wtórne pary aspektowe	

14 Pojadę jeszcze dalej

Nazywam się Stanisław Wróblewski. Pochodzę z biednej rodziny. Dlatego długo dochodziłem do tej pozycji społecznej, którą mam teraz. Nie jestem już bardzo młody. Można powiedzieć, że dobiegam czterdziestki. Młodość przeleciała mi szybko i chyba głupio. Teraz dopiero przychodzi czas na refleksje. I czas na realizację marzeń. A zawsze miałem tylko jedno – podróże.

Doskonale pamiętam, kiedy pierwszy raz pojechałem za granicę. W zasadzie nie tyle pojechałem, co poleciałem. I to od razu na inny kontynent, do Australii. To było coś wspaniałego. Tym bardziej, że w drogę powrotną popłynąłem statkiem. Czy może być coś równie fascynującego? Przez kilka tygodni obserwowałem albo jak przepływają obok nas ławice ryb, albo jak przelatują nad moją głową gromady ptaków.

Ile to już razy byłem na szczytach takich gór, na które wchodzili i z których schodzili tylko najodważniejsi. Nie bałem się pójść w świat śniegów ani świat piasków. Przepłynąłem niejedno morze. Raz nawet pobiegłem samotnie kilka kilometrów przez pustynię w poszukiwaniu wody.
Ale zawsze kiedy widzę, jak odlatuje z lotniska samolot albo odjeżdża z dworca pociąg, budzi się we mnie chęć nowej przygody. Bo przecież ciągle są brzegi, do których jak do tej pory nie dopłynąłem. Dlatego wierzę, że przejadę jeszcze przez niejeden kraj. Może nawet przelecę się kiedyś balonem. Albo przejdę przez tropikalny las. Tak, to pewne, że jeszcze sobie trochę pospaceruję po tej naszej pięknej i pełnej tajemnic planecie. Polatam samolotami wśród chmur. Pojeżdżę samochodami wśród niedostępnych pustkowi. Popływam na wspaniałych, ale i drogich transatlantykach. Zawsze przecież znajdzie się takie miejsce, w którym się jeszcze nie było.

ĆWICZENIA

1

Proszę odpowiedzieć na pytania dotyczące tekstu.

1. Czy pan Wróblewski przekroczył już czterdziesty rok życia?
2. W jakiej sytuacji materialnej byli rodzice pana Stanisława?
3. Czy marzenia pana Stanisława są bardzo różnorodne?
4. Co wiemy o pierwszej zagranicznej podróży Stanisława Wróblewskiego?
5. Czy pan Stanisław odbywał podróże morskie?
6. Jak często latał balonem?
7. Co robił na pustyni?
8. Czy pan Stanisław zajmował się wspinaczką górską?
9. Jakie odczucia ma pan Wróblewski, kiedy znajduje się na dworcu lub lotnisku?
10. Czy pan Stanisław był już w lesie tropikalnym?

2

Proszę uzupełnić poniższe zdania odpowiednimi formami aspektowymi czasowników *iść, chodzić*.

WZÓR: Marek codziennie wieczorem chodzi na krótki spacer. Dzisiaj ma jednak tak dużo pracy, że chybа nie *pójdzie*.

1. Jutro idziemy gdzieś potańczyć. Może i ty z nami .... ?
2. – Czy Grzegorz był sam na wczorajszym wykładzie?
   – Nie, Elżbieta .... razem z nim!
3. Michał nie przyszedł dzisiaj na obiad, ponieważ .... z Natalią do kina.
4. Janek nie mógł przyjść do was, ponieważ .... do dentysty.
5. Ty zawsze .... do nas bez zapowiedzi.
6. Anna długo nie wracała do domu, więc Adam .... jej szukać.
7. Cieszę się, że ty wreszcie .... po rozum do głowy i zacząłeś studiować.
8. Ty, Michale, dzisiaj trochę wcześniej .... do pracy.
9. Ja chyba sobie już .... Nie chcę przeszkadzać.

3

Proszę uzupełnić poniższe zdania odpowiednimi formami aspektowymi czasowników *jechać, jeździć.*

WZÓR: Piotr *przyjechał* jak zwykle ostatni.

1. Dwa dni temu Adam .... na urlop do Włoch.
2. Nikt nie wie, kiedy .... do nas ciotka Agata.
3. Czy wy już dobrze .... na nartach?
4. Przed godziną Janek .... z domu do szkoły.
5. Anna nie prowadzi zbyt dobrze samochodu. Dlatego zawsze z niemałym trudem .... do garażu.
6. Mamy już mało benzyny, ale bez problemu .... do najbliższej stacji.
7. Spóźniliśmy się kilka minut i pociąg .... nam sprzed samego nosa.
8. Czy masz tak dużo pieniędzy, że zawsze .... do pracy taksówką?
9. Darek jest źle wychowany i najczęściej .... bez pożegnania.
10. Myślę, że tym samochodem Adam już długo nie ....

4

Proszę uzupełnić poniższe zdania odpowiednimi formami aspektowymi czasowników *lecieć, latać.*

WZÓR: W Warszawie jest fatalna pogoda. Nie wiadomo, kiedy *odleci* stąd najbliższy samolot.

1. Adam zawsze chciał .... szybowcem.
2. Samolot z Wilna .... z małym opóźnieniem.
3. Jest już jesień, więc niektóre ptaki .... do Afryki.
4. Jest tyle pomysłów, które codziennie .... mi przez głowę.
5. Samoloty wroga .... nagle i nie wiadomo skąd.
6. Jutro Anna .... z Warszawy już o ósmej rano.
7. Ptaki szybko .... nad naszymi głowami.
8. Dzisiaj przez okno .... do pokoju duży kolorowy motyl.

5

Proszę uzupełnić poniższe zdania odpowiednimi formami aspektowymi czasowników *płynąć, pływać, biec, biegać.*

WZÓR: Wiktor jako pierwszy *dopłynął* do brzegu.

1. Adam chce samotnie .... przez Atlantyk.
2. Marek jest w dobrej formie i jutro .... na 10 kilometrów ulicami Krakowa.
3. Do naszych portów w Gdańsku, Gdyni i Szczecinie .... statki z całego świata.
4. Anna stała tak daleko, że jej głos ledwie do nas ....
5. Woda w tym jeziorze jest ciepła i czysta. Dlatego możemy w nim bez obaw trochę ....
6. Janek nie był faworytem w tym biegu. Nikt się nie spodziewał, że właśnie on .... pierwszy.
7. Każdy pies powinien codziennie kilka minut .... w czasie spaceru.
8. Wczoraj z portu .... statek, na którym pracuje brat Krzysztofa.

6

Proszę uzupełnić poniższe zdania.

1. Wejściem się .... a wyjściem ....
2. Co kilka minut na to lotnisko .... nowy samolot. Ale i co kilka z niego ....
3. Jeśli chcesz .... swoim wielkim samochodem do tego małego garażu, to będziesz musiał później z niego ....
4. Do Warszawy ten pociąg nigdy nie .... punktualnie, za to zawsze z niej punktualnie ....
5. Do naszej firmy .... wielu nowych pracowników. Ale i równie wielu z niej szybko ....
6. Tym statkiem .... nasza ciocia z Australii. I tym samym za dwa tygodnie ....
7. Na egzaminie Janek był zdenerwowany, więc nic sensownego nie .... mu do głowy.
8. To, co pan mówi jest bardzo ciekawe, ale za bardzo .... od tematu naszej dyskusji.
9. Babcia długo .... do siebie po tej chorobie.
10. Wnioski, do jakich pani ...., są niestety błędne.

7

Proszę uzupełnić poniższe zdania według wzoru.

WZÓR: (ty) – *dopływać, odpływać, upływać*
Czy to prawda, że jutro *odpływasz* do Ameryki?

1. (ja) – *uchodzić, pochodzić, wychodzić* .... z biednej rodziny.
2. (ja) – *pochodzić, dochodzić, wchodzić* Dlatego długo .... do tej pozycji społecznej, którą mam teraz.
3. (ja) – *ubiegać, podbiegać, dobiegać* Nie jestem już bardzo młody. Można powiedzieć, że .... czterdziestki.
4. (ona) – *przelecieć, wlecieć, ulecieć* Młodość .... mi szybko i chyba głupio.
5. (on) – *dochodzić, przychodzić, zachodzić* Teraz dopiero .... czas na refleksje. I czas na realizację marzeń. A zawsze miałem tylko jedno – podróże.
6. (ja) – *pojechać, podjechać, zjechać* Doskonale pamiętam, kiedy pierwszy raz .... za granicę.
7. (ja) – *dolecieć, przylecieć, polecieć* W zasadzie nie tyle pojechałem, co .... I to od razu na inny kontynent, do Australii. To było coś wspaniałego.
8. (ja) – *przepłynąć, popłynąć, podpłynąć* Tym bardziej, że w drogę powrotną .... statkiem. Czy może być coś równie fascynującego?
9. (one) – *przepływać, wpływać, wypływać – przelatywać, wylatywać, wlatywać* Przez kilka tygodni obserwowałem albo jak .... obok nas ławice ryb, albo jak .... nad moją głową gromady ptaków.
10. (oni) – *wchodzić, schodzić, zachodzić, nadchodzić, pochodzić, dochodzić* Ile to już razy byłem na szczytach takich gór, na które .... i z których .... tylko najodważniejsi. Nie bałem się pójść w świat śniegów ani w świat piasków.
11. (ja) – *dopłynąć, popłynąć, przepłynąć – pobiec, przybiec, podbiec* .... niejedno morze. Raz nawet .... samotnie kilka kilometrów przez pustynię, w poszukiwaniu wody.
12. (on) – *wyjeżdżać, odjeżdżać, zjeżdżać – wylatywać, odlatywać, zlatywać* Ale zawsze kiedy widzę, jak .... z lotniska samolot albo .... z dworca pociąg, budzi się we mnie chęć nowej przygody.

13. (ja) – *dopłynąć, wypłynąć, podpłynąć* Bo przecież ciągle są brzegi, do których jak do tej pory nie ....
14. (ja) – *pojechać, przejechać, objechać – oblecieć, przelecieć, odlecieć* Dlatego wierzę, że .... jeszcze przez niejeden kraj. Może nawet .... się kiedyś balonem.
15. (ja) – *przejść, pójść, dojść – pospacerować, naspacerować, odspacerować* Albo .... przez tropikalny las. Tak, to pewne, że jeszcze sobie trochę .... po tej naszej pięknej i pełnej tajemnic planecie.
16. (ja) – *oblecieć, polatać, dolecieć – pojeździć, pojechać, podjechać* .... samolotami wśród chmur. .... samochodami wśród niedostępnych pustkowi.
17. (ja) – *popłynąć, popływać, przepływać* .... na wspaniałych, ale i drogich transatlantykach. Zawsze przecież znajdzie się takie miejsce, w którym się jeszcze nie było.

8

Proszę wyjaśnić znaczenie poniższych zwrotów i określeń.

1. Pochodzić z biednej rodziny.
2. Dobiegać czterdziestki.
3. Prowadzić samochód.
4. Odjeżdżać sprzed samego nosa.
5. Nic nie przychodzi mi do głowy.
6. Odbiegać od tematu.
7. Dochodzić do siebie.
8. Dochodzić do wniosku.

Aspekt czasowników ruchu

*** tworzenie**

- tworzy się od czasowników oznaczających ruch ukierunkowany (*iść, jechać, biec, płynąć, lecieć*)
- do czasowników tych dodaje się ich dokonane odpowiedniki (np. *iść – **pó**jść, lecieć – **po**lecieć* itd.)
- w ten sposób tworzy się nie tylko prymarne pary aspektowe (np. *jechać – **po**jechać*), ale i pary wtórne (np. *chodzić – **przy**chodzić*)
- podstawą czasowników niedokonanych wtórnej pary aspektowej są czasowniki określające ruch nieukierunkowany (np. *jeździć, chodzić*)

* **przykłady**

czasowniki niedokonane	czasowniki dokonane	czasowniki dokonane o nowym znaczeniu	czasowniki niedokonane	czasowniki ruchu nieukierunkowanego
lecieć	**po**lecieć	**do**lecieć **wy**lecieć **prze**lecieć	**do**latywać **wy**latywać **prze**latywać	⟶ latać
iść	**pó**jść	**ze**jść **do**jść **wy**jść	**s**chodzić **do**chodzić **wy**chodzić	⟶chodzić
podstawowe (prymarne) pary aspektowe		wtórne pary aspektowe		

Lubię bywać 15

Lubię bywać w dobrych restauracjach, barach i klubach. Taki już jestem. Pijam tylko drogie i uznane alkohole. Jadam wyszukane potrawy. To naprawdę może dawać wiele zadowolenia. Oczywiście spotykam tam tylu wspaniałych ludzi. Mój ojciec często mawiał, że należy przebywać w dobrym towarzystwie. A pozwalam sobie na to tylko dlatego, że zarabiam dość dobrze. I jeszcze z dużym szczęściem grywam na giełdzie.

Czasem miewam jednak chwile refleksji. Chadzam wtedy samotnie po parku. Lub wieczorami czytuję literaturę piękną. Sam nawet trochę pisuję. Nie jeżdżę wtedy nigdzie. Nie widuję przyjaciół. Za to dość regularnie pływam i grywam bądź w tenisa, bądź w koszykówkę. Lubię też siadywać w ogrodzie moich rodziców i sypiać na świeżym powietrzu.

Kiedy bywam u rodziców, nie muszę ubierać się elegancko. Wolno mi wylegiwać się przez cały dzień w pidżamie. Pozwalam sobie też na to, żeby odpoczywać bez gazet i telewizji. Bo tylko tam mogę nie zajmować się niczym ważnym.

Ale kiedy nadchodzą niedzielne popołudnia, wracam do swojego mieszkania. I nie będę nikogo oszukiwać, że wtedy... Pijam dużo dobrego alkoholu. Jadam dużo smacznych potraw. I bywam wśród ludzi takich jak ja. Bo ja czasem miewam swoje potrzeby i rozrywki. Jeśli takie życie jest tylko grą, to i tak chętnie w nią grywam. Tylko że tacy jak ja nie bywają wzorem do naśladowania – o tym nie zapominajcie!

ĆWICZENIA

1

Proszę odpowiedzieć na pytania dotyczące tekstu.

1. Czy bohater opowiadania, Wojtek, jest domatorem?
2. Czy Wojtek raczej unika alkoholu?
3. Jakie poglądy na życie towarzyskie miał ojciec Wojtka?
4. W jakiej sytuacji finansowej znajduje się Wojtek?
5. Czy Wojtek bywa niekiedy skłonny do refleksji?
6. W jaki sposób Wojtek najchętniej odpoczywa?
7. Dlaczego Wojtek lubi bywać u rodziców?
8. Co stanowi dla Wojtka najlepszą rozrywkę?
9. Czy życie Wojtka jest grą?
10. Czy Wojtek uważa, że jest wzorem do naśladowania?

2

Proszę uzupełnić poniższe zdania według wzoru.

WZÓR: Od roku nie byłem w tej restauracji. Wcześniej często w niej *bywałem.*

1. Ostatnio Piotr nie pisał do Zofii. A jeszcze rok temu .... do niej regularnie.
2. Nie mam najczęściej czasu, żeby jeść obiad w domu. Zawsze robię to w biegu. Dlatego chętnie i systematycznie .... w restauracji.
3. Anna znowu nie była u Krzysztofa na imieninach. Wszyscy wiemy, że ona bardzo niechętnie u niego ....
4. Od czasu do czasu państwo Mańkowscy mają ciche dni. Wtedy jedno z nich śpi u swoich rodziców. Kiedy nie są skłóceni, ... razem.
5. Wczoraj moja teściowa miała mi dużo do powiedzenia. Tak jak przedwczoraj i przed tygodniem. Ona zazwyczaj .... coś do powiedzenia.
6. To nie jest prawda, że Krystyna nigdy niczego nie czyta. Przecież codziennie .... ogłoszenia matrymonialne.
7. Ty mieszkasz w Krakowie, a ja w Warszawie, dlatego widzę Cię raz na jakiś czas. Co możemy zrobić, żeby .... się częściej?

8. Nie pijam mleka! Wzdrygam się na samą myśl o nim. A wszystko dlatego, że przez całe dzieciństwo musiałem je ....
9. Ja nie gram na żadnym instrumencie muzycznym. Za to bardzo chętnie i często .... w szachy.

3

Poniższe zdania proszę uzupełnić wybranymi czasownikami: *wracać, zbijać, obracać się, mijać, zostawać, sprawdzać, sprawiać, zajmować, zarabiać, kupować.*

1. Życie ciągle .... obok mnie, jakby dziwną prowadziło grę.
2. Różnimy się niestety tym, że z moich pomysłów nic nie wynika. A ty na swoich .... fortunę.
3. Do takich miejsc, jak to, chciałoby się .... wiele razy.
4. Wiem, że chciałabyś bez końca .... nowe sukienki, futra, buty i torebki. Ktoś jednak musi za to wszystko zapłacić.
5. Marek pracuje dużo. Nie ma czasu na prywatne życie. Nawet nie cieszy się z tego, że .... tak wiele pieniędzy.
6. Świat filmu i reklamy zawsze fascynował Annę. Chciałaby więc .... wśród ludzi kina.
7. Michał .... już wiele odpowiedzialnych stanowisk w ministerstwie. Nikt jednak nie spodziewał się, że będzie ministrem.
8. Anna nie lubi .... sama w domu. Dlatego stale kogoś do siebie zaprasza.
9. Święty Mikołaj jest właśnie po to, żeby .... wszystkim miłe niespodzianki.
10. Nigdy nie byłem dobrym matematykiem, dlatego każde rozwiązane z trudem zadanie .... kilka razy.

4

Proszę uzupełnić poniższe zdania według wzoru.

WZÓR: Bardzo interesuję się językiem francuskim. Chętnie *czytuję* francuskie czasopisma i gazety.

1. Ojciec Andrzeja jest pilotem. Już przeszło dwadzieścia lat .... po całym świecie.
2. Państwo Grabowscy są wielbicielami muzyki symfonicznej. Dlatego dość regularnie .... do filharmonii.

3. O tej porze roku woda w Bałtyku jest jeszcze bardzo zimna. Musimy więc .... w basenie miejscowego klubu.
4. Doskonała figura i świetne samopoczucie to coś, czego zazdroszczą Annie wszystkie koleżanki. Ale żadna nie chce z nią .... codziennie rano kilka kilometrów.
5. Znam twojego kota. Zawsze, kiedy zostawiasz otwarte okno, on natychmiast .... z domu.
6. Nie znasz mojego kota. Zawsze, kiedy zostawiam otwarte okno, on też .... do domu.
7. Wiem, że masz stary samochód i nie lubisz szybkiej jazdy. Ale nawet rowerzyści .... szybciej od ciebie.
8. Kiedy jesteśmy razem, godziny .... tak szybko, jakby były minutami. Czy i ty masz takie wrażenie?

5

Do podanych czasowników proszę dopisać ich formę wyrażającą wielokrotność, lub odwrotnie.

WZÓR: minąć – *mijać*

1. mówić ....
2. jechać ....
3. siadać ....
4. pisać ....
5. kupić ....
6. .... jadać
7. .... grywać
8. .... pijać
9. .... stawać
10. .... kichać

6

Proszę uzupełnić poniższe zdania czasownikami wyrażającymi funkcję wielokrotną (* – oznacza formę bezokolicznika).

1. (ja) Lubię (być) .... w dobrych restauracjach, barach i klubach. Taki już jestem.
2. (ja) (pić) .... tylko drogie i uznane alkohole.
3. (ja) (jeść) .... wyszukane potrawy.
4. (*) To naprawdę może (dać) .... wiele zadowolenia.
5. (ja) Oczywiście (spotkać) .... tam tylu wspaniałych ludzi.

6.	(on)	Mój ojciec często (mówić) ...., że należy przebywać w dobrym towarzystwie.
7.	(ja)	A (pozwolić) .... sobie na to tylko dlatego, że (zarobić) .... dość dobrze.
8.	(ja)	I jeszcze z dużym szczęściem (grać) .... na giełdzie.
9.	(ja)	Czasem (mieć) .... jednak chwile refleksji.
10.	(ja)	(chodzić) .... wtedy samotnie po parku.
11.	(ja)	Lub wieczorami (czytać) .... literaturę piękną.
12.	(ja)	Sam nawet trochę (pisać) ....
13.	(ja)	Nie (jechać) .... wtedy nigdzie.
14.	(ja)	Nie (widzieć) .... przyjaciół.
15.	(ja)	Za to dość regularnie (płynąć) .... i (grać) .... bądź w tenisa, bądź w koszykówkę.
16.	(*)	Lubię też (siadać) .... w ogrodzie moich rodziców i (spać) .... na świeżym powietrzu.
17.	(ja, *)	Kiedy (być) .... u rodziców, nie muszę (ubrać się) .... elegancko.
18.	(*)	Wolno mi (chodzić) .... przez cały dzień w pidżamie.
19.	(ja,*)	(pozwolić) .... sobie też na to, żeby (odpocząć) .... bez gazet i telewizji.
20.	(*)	Bo tylko tam mogę nie (zająć się) .... niczym ważnym.
21.	(one, ja)	Ale kiedy (nadejść)...................... niedzielne popołudnia, (wrócić) .... do swojego mieszkania.
22.	(*)	I nie będę nikogo (oszukać) ...., że wtedy
23.	(ja)	(pić) .... dużo dobrego alkoholu.
24.	(ja)	(jeść) .... dużo smacznych potraw.
25.	(ja)	I (być) .... wśród ludzi takich jak ja.
26.	(ja)	Bo ja czasem (mieć) .... swoje potrzeby i rozrywki.
27.	(ja)	Jeśli takie życie jest tylko grą, to i tak chętnie w nią (grać) ....

7

Proszę wyjaśnić znaczenie poniższych zwrotów i określeń.

1. Jeść w biegu.
2. Być domatorem.
3. Wzdrygać się na samą myśl o...
4. Zbijać majątek (fortunę).
5. Zajmować odpowiedzialne stanowiska.

6. Obracać się wśród ludzi.
7. Mieć ciche dni.
8. Sprawiać komuś niespodziankę.

Formy czasowników oznaczających czynność wielokrotną (habitualną)

*** tworzenie**

– formy te są tworzone od czasowników bezprefiksalnych (np. **pisać** – pisywać)
– oznaczają czynności powtarzające się lub będące zwyczajem
– tworzy się je poprzez wymianę sufiksu tematycznego czasownika podstawowego na sufiksy **-wa-**, **-ywa-**, **-a-** (np. pis**ywać**) oraz **-aj-**, dla 3. osoby liczby mnogiej (np. jad**aj**ą)
– w temacie czasownika występują alternacje samogłoskowe: **o : a** (ch**o**dzić – ch**a**dzać), **e : a** (jeść – jadać), **ó : a** (mówić – mawiać)

*** przykłady**

1	2	sufiks tematyczny
być	by**wać**	**-wa-**
czytać	czyt**yw**a**ć**	**-ywa-**
mówić	mawi**ać** (mawi**aj**ą)	**-a-** (**-aj-**)

Do czego doszło? 16

Leszek domyślił się, że Julii już nie będzie. Ani dzisiaj, ani nigdy. Dochodziła północ. Wiedział, że się na nią nie doczeka. Doszedł do smutnego wniosku, że to koniec. Ich miłość dogasała, dopalała się jak ostatni papieros. Ale winy mógł doszukiwać się tylko w sobie. To przecież on dorabiał się za wszelką cenę. Ona dobrodusznie dopijała jego zimną kawę. Dojadała resztki z wczorajszego obiadu. Zawsze dotrzymywała mu towarzystwa, dodawała otuchy. Dokładała swoje pieniądze do jego nieprzemyślanych zakupów. Nigdy nie dopytywała się, dlaczego tak późno wracał do domu.

Kiedy zaczęli mieszkać razem, wiedział, że dostał w swoje ręce prawdziwy skarb. Wtedy doceniał to. Uważał, iż doskonale się dobrali i dopasowali. Dokupował chętnie jakieś drobiazgi do jej skromnego ubrania. Ale później...

To on nie dochował jej wierności. Zaczął dostrzegać inne kobiety. Doszło nawet do tego, że nie dawał jej pieniędzy na prowadzenie domu. Mimo że jego gruby portfel najczęściej się już wtedy nie domykał. Złośliwie dostarczał jej powodów do zmartwień i domysłów.

Teraz ma to, czego się dopracował – samotność. Czemu więc dopytuje samego siebie o powody? Myśl o Julii ciągle przecież dociera do jego świadomości. Boleśnie go dotyka. Dlaczego nie dotrwali? Dlaczego nie dogadali się? Wiedział, że do tej historii nikt już nie dopisze dalszego ciągu. Nikt nie doda ani jednego słowa. Nawet gdyby teraz próbował dodzwonić się do niej, to i tak niczego by już nie dopiął. Dlatego wstał. Dopalił papierosa. Zamknął okno i dobył z siebie głębokie westchnienie.

ĆWICZENIA

1

Proszę odpowiedzieć na pytania dotyczące tekstu.

1. O której godzinie Julia przyjdzie do Leszka?
2. Do czego Leszek porównuje swoją miłość do Julii?
3. Czy Leszek jest materialistą?
4. Dlaczego Leszek wracał późno do domu?
5. Czy Julia i Leszek mieszkali osobno?
6. Co można powiedzieć o portfelu Leszka?
7. Czy Julia była jedyną kobietą, którą interesował się Leszek?
8. Jakie plany na przyszłość mają Julia i Leszek?
9. Dlaczego Leszek nie próbuje telefonować do Julii?
10. Czy Leszek jest niepalący?

2

Proszę uzupełnić poniższe zdania odpowiednimi czasownikami (*dopalić, doczekać, doczytać, dogotować, dopisać, dożyć, dopić, douczyć*).

1. Ta książka jest najzwyczajniej w świecie nudna. Chyba już jej nigdy nie . . . .
2. List do rodziców jest już w zasadzie napisany. Może jeszcze tylko, jako dobry syn, ... , że za nimi tęsknię.
3. Profesor robi tak krótkie przerwy, że nikt z nas nie zdąży . . . . papierosa.
4. Obiady u ciebie zawsze bardzo mi smakują. Ale tym razem ziemniaki są zbyt twarde. Chyba ich nie . . . . , mamo.
5. Nie znamy całego materiału, jaki ma obowiązywać na egzaminie. Mamy za to jeden wieczór, żeby się reszty . . . .
6. Babcia jest w dobrej formie fizycznej. Wszyscy mamy nadzieję, że . . . . do stu lat.
7. Nie lubię zimnej kawy. Ale skoro nie mam czasu na inną, ... tę do końca.
8. W tym roku Adam jedzie na urlop do Włoch. Już nie może się go . . . .

3

Proszę uzupełnić poniższe zdania odpowiednimi czasownikami (*dojść, dojechać, dobiec, dopłynąć, dolecieć, donieść, dochodzić, dokończyć*).

1. Dla wielu sportowców sukcesem w biegu maratońskim nie jest zajęcie pierwszego miejsca. Oni pragną tylko .... do mety.
2. Dla małego Michała ta walizka jest zdecydowanie za ciężka. On chyba nie zdoła .... jej samodzielnie do autobusu.
3. Dla mnie pięciokilometrowy spacer nie stanowi problemu. Bez trudu .... zawsze do zaplanowanego miejsca.
4. Dla samolotu trasa z Warszawy do Gdańska jest krótka. Ale nie wiem, czy ty .... tam balonem.
5. Mojego syna bolą już nogi i jest zmęczony. On nie .... do tego schroniska w górach o własnych siłach.
6. Wiem, że teatr jest gdzieś blisko. Ale nie mam pojęcia, jak do niego mogę .... moim stale psującym się samochodem.
7. Kiedy stoję nad brzegiem morza, zawsze marzę o tym, żeby kiedyś samotnie .... do jakiegoś odległego lądu.
8. Budowę domu Adam zaczął trzy lata temu. Ma nadzieję, że w tym roku zdoła ją ....

4

Proszę uzupełnić poniższe zdania odpowiednimi czasownikami (*domalować, dogonić, dodzwonić, dorównać, dopasować, dolać, dodać, dokupić*)

1. Marek wyjechał nad morze przeszło pół godziny wcześniej niż my. Nie sądzę, żebyśmy mogli go ....
2. Powiedzieliśmy sobie już chyba wszystko na ten temat. Nie wiem, co można jeszcze ....
3. Anna wieczorami prowadzi długie telefoniczne rozmowy z Adamem. To mało prawdopodobne, żeby się do niej wtedy ....
4. Krzysztof jest najpracowitszym i najzdolniejszym studentem. W zasadzie nikt nie jest w stanie mu ....
5. To prawda, że nie lubię tego polityka. Ale to nie ja .... wąsy i brodę na plakacie z jego zdjęciem.
6. Będziemy mieć więcej gości niż myśleliśmy. Może pójdę szybko do sklepu i .... kilka butelek wina.
7. Wczoraj kupiłem nowy garnitur i koszulę. Teraz muszę jeszcze tylko do tego .... jakiś ładny krawat.
8. Nie, nie jestem pijany. Ale, proszę, nie .... mi, mój drogi, już więcej wina.

5

Proszę uzupełnić poniższe zdania według wzoru.

WZÓR: Mam za mało benzyny. Chyba nie *dojadę* do Rzeszowa bez tankowania.

1. Kiedy pan Adamski kupował dom, nie wiedział jeszcze, że będzie mieć aż pięcioro dzieci. Teraz musi .... jedno piętro.
2. Anna i Adam są idealną parą. Można powiedzieć, że .... się jak w korcu maku.
3. Nasz instytut miał za mało pieniędzy, żeby prowadzić dalej badania. Na szczęście znalazł się sponsor, który je trochę ....
4. Jest już późno i chyba pójdziemy spać. Nawet ogień w kominku powoli ....
5. Marek jest niestety bardzo niski. Nie wiem, czy uda się nam .... go w tym tłumie.
6. Zima była w tym roku wyjątkowo długa, mroźna i śnieżna. Zwierzęta leśne mogłyby jej nie przetrwać, gdyby nie to, że je wszyscy ....
7. Nasi goście mają niestety doskonały apetyt. Musisz, mamo, ... więcej wędliny. Ale nie tym tępym nożem.
8. Krzysztof jest młodym ambitnym człowiekiem. Pracuje w naszej fabryce, a wieczorami .... na różnych kursach.
9. Kiedy mój dziadek zaczynał hodować owce, miał ich nie więcej niż kilka. Ja mam ich już tyle, że momentami nie mogę się ich ....
10. Co robiłem przez tyle godzin? Oczywiście reperowałem mój samochód. Teraz nie wiem jak, mogę szybko .... ręce.
11. Projekt budowy mostu jest nowatorski i ciekawy, ale wszyscy wiemy, że nie jest skończony i trzeba go ....
12. Ty masz doskonały gust, czy mogłabyś mi .... , jaki krawat powinienem kupić dla mojego ojca?
13. W kobiety można rzucać tylko kwiatami. Anna stoi jednak zbyt daleko, bym mógł do niej ....
14. W ogrodzie moich rodziców rosną piękne kwiaty. Jest ich jednak za mało. Kiedy przyjdzie wiosna, sam .... wiele nowych.
15. Zawsze marzyłem o pracy w ministerstwie. Konkurencja jest jednak tak duża, że nie wiem czy ją ....

6

Proszę uzupełnić poniższe zdania odpowiednimi czasownikami (*dobiegać, dopytać, dorosnąć, dotlenić, dodać, dowieść, dojrzeć, dosłużyć, dokleić, doręczyć, doprosić, dokonać*).

1. Pan Nowak nie jest już bardzo młody. Właśnie .... pięćdziesiątki. (Ma prawie pięćdziesiąt lat.)
2. Pani Nowak wygląda dzisiaj wyjątkowo pięknie. Nic .... nic ująć. (Nie można niczego dodać do tego stwierdzenia).
3. Pan Nowak długo zastanawiał się nad tym, czy powinien kupić żonie nowe futro. Teraz już .... do tej decyzji. (Przestał mieć wątpliwości).
4. Pan Nowak jest łysy od wielu lat. Nie wiem skąd nagle ma włosy na głowie. Może je sobie ....
5. Pan Nowak jest zwykłym, szarym człowiekiem. Ciągle jednak wierzy, że jeszcze czegoś ważnego .... w życiu. (Zrobi coś wyjątkowego.)
6. Pani Nowak od miesiąca nie może się .... męża, żeby zabrał ją na kolację do dobrej i przytulnej restauracji.
7. Pan Nowak wrócił wczoraj do domu dopiero o drugiej w nocy. Jego żona nie mogła się ...., co robił tyle czasu.
8. Pan Nowak jest listonoszem. Codziennie .... ludziom dziesiątki listów i kartek pocztowych.
9. Pan Nowak chętnie ogląda ze swoimi dziećmi filmy animowane. Jego żona mówi, że mógłby wreszcie ....
10. Pan Nowak pracuje na poczcie już piętnaście lat. .... się nawet wielu nagród i pochwał.
11. Pan Nowak nigdy nie kłóci się ze swoją żoną. Zawsze jednak stara się jej ...., że to on ma rację.
12. Pan Nowak nie lubi warszawskiego powietrza. Dlatego, kiedy tylko może, wyjeżdża z miasta, żeby się ....

7

Proszę wyjaśnić znaczenie poniższych zwrotów i określeń.

1. Dotrzymywać komuś towarzystwa.
2. Dodawać otuchy.
3. Dochować wierności.
4. Najzwyczajniej w świecie.
5. Dochodzić do czegoś o własnych siłach.
6. Dobrać się jak w korcu maku.

8

Proszę uzupełnić poniższe zdania według wzoru.

WZÓR: Janek od dwóch tygodni czyta tę książkę, ale jeszcze jej nie *przeczytał.*

1. Jeśli nie chcesz pić zimnej kawy, to .... ją teraz.
2. Ta świeca pali się już od trzech godzin. Za chwilę .... się do końca.
3. Nie lubię jeść późnych kolacji, ale z tobą chętnie jeszcze coś .... w tej przytulnej restauracji.
4. Zdzisław robi na wszystkich kobietach doskonałe wrażenie. Dziwne, że na tobie jakoś go nie ....
5. Maria podobno lubi pisać listy. Chciałbym, żebyś kiedyś .... do mnie.
6. Grzegorz goli się zawsze rano. Przed wieczornym spotkaniem z Elżbietą postanowił jednak .... się jeszcze raz.
7. Wiem, że nie lubicie nikogo słuchać. Proszę jednak, byście mnie teraz spróbowali .... do końca.
8. Oni czekali na ciebie tutaj od czterdziestu minut. Całe szczęście, że wreszcie się ....
9. Mama wczoraj prała cały dzień. Niestety nie .... moich białych koszul.
10. Ten stary niedźwiedź spał przecież całą zimę. Myślę, że jednak nie całkiem się ....

Czasowniki z prefiksem *do-*

* **wyrażają:**

– ruch, który jest ukierunkowany (**do**jechać, **do**płynąć)
– działanie doprowadzone do końca (**do**pić, **do**jeść)
– działanie dodatkowe (**do**dać, **do**pisać)
– osiągnięcie celu mimo trudności (**do**myć, **do**czekać)
– odwzorowanie, przystosowanie, uczynienie odpowiednim (**do**robić, **do**pasować)

17

Ja się nie nadaję

Matematyka nie należy do moich specjalności. Muszę się przy niej zawsze dużo napracować. Ale efekty i tak nie napawają optymizmem. Na każdej lekcji nasłucham się od profesora, jaki to ja jestem ograniczony i leniwy. A przecież bardzo chciałbym się jej nauczyć. Ile to ja nachodziłem się na prywatne lekcje. Ile narozwiązywałem zadań. Ile wreszcie naczytałem się matematycznych książek. I co? Ostatni test też napisałem fatalnie. Przecież ja nawet nagrywam na kasety wykłady profesora. Już nie wiem, co robić. Zaczynają nachodzić mnie czarne myśli. Jest wiosna, a ja nie mam czasu się nią nacieszyć.

Koledzy namawiają mnie na krótki wyjazd w góry. Niemożliwe! Więc nie napiję się z nimi zimnego piwa. Nie napatrzę na piękne polskie Tatry. I nie nabiegam po nich. Co zrobię? Napiję się mocnej kawy. Nałożę na uszy słuchawki. I będę napełniał się wiedzą matematyczną.

Dobrze, że Anna nie nabija się ze mnie. Ona jedna nadaje sens mojemu życiu. A do tego świetnie gotuje. Więc przynajmniej najadam się jak człowiek. Staram się jej nie naprzykrzać. Nie narzucam często swojego towarzystwa. Od pewnego czasu nabrałem jednak przekonania, że Anna chętnie mnie widzi. Przy niej czuję się tak, jakbym narodził się na nowo.

Tylko ta matematyka! Nabawię się przez nią kompleksów. Wiem już, że dwa plus dwa jest cztery. Ale ciągle nie rozumiem, dlaczego to takie ważne?

ĆWICZENIA

1

Proszę odpowiedzieć na pytania dotyczące tekstu.

1. Czy Michał, bohater opowiadania, fascynuje się matematyką?
2. Co profesor matematyki myśli o Michale?
3. Jak dużo czasu Michał poświęca nauce matematyki?
4. Jakie metody nauki stosuje Michał?
5. Jakie plany wyjazdowe mają koledzy Michała?
6. Jaki stosunek do Michała ma Anna?
7. Co wiemy o zdolnościach kulinarnych Anny?
8. Czy Anna i Michał często się spotykają?
9. Jak czuje się Michał w towarzystwie Anny?
10. Czy Michał robi dobrze studiując matematykę?

2

Proszę uzupełnić poniższe zdania odpowiednimi czasownikami (*zbierać, rwać, produkować, jeść, czytać, chodzić, pracować, siedzieć*).

WZÓR: Nie wiem jak dojść do gmachu opery. Muszę (*pytać*) *spytać się* kogoś o drogę.

1. Rano zaspałem i wyszedłem z domu bez śniadania. Dlatego teraz jestem głodny i muszę się .... do syta.
2. Florencja to raj dla turystów. Ale żeby ją całą zwiedzić, trzeba się przez kilka dni ....
3. Jedni idą do lasu, żeby słuchać śpiewu ptaków, inni żeby odetchnąć świeżym powietrzem. Ja robię to tylko po to, żeby .... grzybów.
4. Praca w tej fabryce jest dobrze płatna ale i bardzo ciężka. Trzeba się tam codziennie solidnie ....
5. Anna dawno nie widziała łąki, na której rosłoby tyle pięknych kwiatów. Bez wahania .... ich ile mogła.
6. Michał fascynuje się parapsychologią. Całe wakacje spędził w czytelni i .... na ten temat.
7. Mam chęć iść na spacer. Już wystarczająco .... na ławce w parku czekając na niepunktualną Martę.
8. Fabryka mebli ma duże kłopoty finansowe. Przez ostatni rok robotnicy .... w niej kilka tysięcy krzeseł, których nikt nie chce kupić.

3

Proszę uzupełnić poniższe zdania odpowiednimi czasownikami (*kleić, lać, pisać, rysować, pić, kłamać, dążyć, grzać*).

WZÓR: Grecja jest pięknym krajem. Nie jesteśmy pierwszymi turystami, którzy (*kochać*) *zakochali się* w niej.

1. W ostatnim liście Adam ...., że jest bardzo zadowolony z pobytu na Węgrzech.
2. Zupełnie nie wiem, jak ten list dotarł do nas, ponieważ Adam zapomniał .... na niego znaczek pocztowy.
3. Woda w jeziorze jest jeszcze zimna. Słońce świeci dopiero od kilku dni i nie zdążyło jej ....
4. Mam doskonałe wino własnej produkcji. Czy pozwolisz, że Ci trochę ....?
5. Ty nie idziesz, ale prawie biegniesz. Ja nawet nie próbuję za tobą ....
6. Jest tak gorąco, a tam sprzedają zimne piwo. Może pójdziemy się go ....?
7. Czy to możliwe, że wszystko, co powiedział Krzysztof, nie jest prawdą? Czy to możliwe, że aż tyle ....?
8. Myślę, że sama nie trafisz do Adama. Chętnie .... Ci na kartce, jak tam dojść.

4

Proszę uzupełnić poniższe zdania odpowiednimi czasownikami (*pełnić, mówić, uczyć, radzić, kupić, cieszyć, mydlić, patrzeć*).

WZÓR: Teraz nie mam wolnego czasu. Muszę jeszcze (*golić*) *ogolić się* przed wyjściem do pracy.

1. Decyzja była trudna, więc pan minister postanowił .... ze specjalistami w tej dziedzinie.
2. My jutro jedziemy w góry. Jak możemy .... cię, żebyś jechał razem z nami?
3. To był prawdziwy pech. Właśnie .... głowę, kiedy wyłączyli wodę.
4. Zawsze kiedy idziesz do sklepu, ... wiele niepotrzebnych rzeczy. A później nie wiesz, co z nimi robić.
5. Anna wyglądała wczoraj w teatrze tak pięknie, że moi koledzy nie mogli się na nią ....

6. Wiosna przyszła w tym roku późno i była tak krótka, że nie zdążyliśmy się nią . . . .
7. Pan Kowalski chodzi ze swoimi dziećmi na basen, bo ma zamiar szybko . . . . je pływać.
8. Pomogę ci ugotować zupę. Ale najpierw musisz . . . . garnek wodą.

5

Proszę uzupełnić poniższe zdania odpowiednimi czasownikami.

WZÓR: Ten krawat tak bardzo podobał się Teresie, że nie *namyślała się* długo, kupując go dla męża.

1. Bardzo lubię przyjmować gości. Ale wczoraj tak mi . . . . , że nie wiem, jak to wszystko sprzątnę.
2. To prawda, że pan Nowak kupił ten stary dom. . . . . go już pół roku temu.
3. Pieniądze leżą tu na ulicy. Wystarczy się po nie tylko . . . .
4. Kiedy idę z moimi dziećmi na spacer, najczęściej wstępujemy do sklepu z zabawkami. One zawsze mnie na coś . . . .
5. W czasie kolacji u rodziców Anny paliły się świece i były bardzo wyszukane potrawy. Wszyscy starali się . . . . tej chwili uroczysty charakter.
6. Adam ma już drugi rok problemy z zębami. W poniedziałek był aż trzy godziny w gabinecie stomatologicznym i bardzo się . . . .
7. Kupiłem ten samochód za wyjątkowo niską cenę. Przyznaję, że była to okazja, która mi się szczęśliwie . . . .
8. Anna śpiewa w chórze akademickim, który w zeszłym miesiącu . . . . swoją trzecią płytę.
9. Adam nie jest dobrym kierowcą. Na przykład teraz . . . . na krawężnik i nawet tego nie zauważył.
10. Noc będzie zimna. Więc jeśli chcesz spać przy otwartym oknie, to musisz . . . . kołdrą.
11. To jest mój dom. Ale niestety . . . . również do mojej siostry.
12. Córka Anny jest jeszcze za mała, żeby mogła samodzielnie jeść. Czy ty możesz ją dzisiaj . . . . ?
13. Kolejka do kasy była wyjątkowo długa. Ja się . . . . w niej dwie godziny.
14. Pan, panie profesorze, jest moim ideałem. Dlatego we wszystkim chętnie pana . . . .

15. Ostatnio nic mi się nie udaje. Ale to jeszcze nie powód, żebyś się ze mnie przy wszystkich ...., Anno.
16. Mój pies jest spokojny. Ale na każdego, kto do nas przychodzi, musi trochę ....

6

Proszę uzupełnić poniższe zdania odpowiednimi czasownikami (*nabić, naciskać, nagadać, nająć, nakładać, napływać, nabrać, nabrzmiewać, nagromadzić, nakazać, napadać*).

1. Oszukałaś mnie kilka razy. Więcej nie dam Ci się już ....
....
2. Anna umówiła się z Adamem i nie przyszła. On nie jest pierwszym, którego ta dziewczyna .... w butelkę.
3. Problem jest duży. I jeśli go teraz nie rozwiążemy, będzie dalej ....
....
4. Obiecałem ci gwiazdkę z nieba i dostaniesz. Tylko proszę nie ....
.... na mnie codziennie i nie przypominaj.
5. Anna i Maria, zawsze kiedy się spotkają, rozmawiają ze sobą kilka godzin. One muszą się po prostu ....
6. Byłem chory i nie pracowałem prawie tydzień. Teraz ....
.... dużo spraw do załatwienia.
7. Pan Nowak ma ogromną plantację truskawek. W sezonie ....
.... wielu robotników, którzy na niej pracują.
8. Ja i mama jesteśmy chirurgami. Ale nie możemy Ci, synu, ...
...., żebyś i ty nim został.
9. To, że jesteś głodny nie jest powodem, żebyś ....
.... sobie na talerz takie ilości jedzenia.
10. Niemcy hitlerowskie ....
.... na Polskę we wrześniu 1939 roku.
11. Anna nie chce już więcej płakać, ale łzy same ....
.... jej do oczu.

7

Proszę wyjaśnić znaczenie poniższych zwrotów i określeń.

1. Napawać optymizmem.
2. Nachodzą mnie czarne myśli.
3. Nabijać się z kogoś.
4. Nabawić się kompleksów.

5. Najeść się do syta.
6. Nie nadawać się do niczego.
7. Nabijać kogoś w butelkę.

8

Proszę uzupełnić poniższe zdania według wzoru.

WZÓR: Michał długo czekał na autobus. Po dwudziestu minutach stania na przystanku wreszcie się (*wyczekać, przeczekać, doczekać*) *doczekał*.

1. Prawdę mówiąc, bardzo słabo pływam. Chciałbym się tego kiedyś porządnie (*wyuczyć, nauczyć, douczyć*) ....
2. Ewa nie ma z kim pójść jutro do teatru. Ja chętnie (*wytrzymać, zatrzymać, dotrzymać*) .... jej towarzystwa.
3. Dawno nie widziałem Krzysztofa. Muszę go kiedyś do nas (*wyprosić, zaprosić, poprosić*) ....
4. Dentysta stwierdził, że tego zęba nie da się już wyleczyć i trzeba go będzie niestety (*wyrwać, przerwać, oderwać*) ....
5. List do Joli w zasadzie już napisałem. Może warto jeszcze (*przepisać, zapisać, dopisać*) .... pozdrowienia dla jej męża.
6. Proponuję, żebyśmy razem kupili prezent dla Andrzeja. On jutro (*obchodzić, wychodzić, dochodzić*) .... urodziny.
7. Filiżanka po prostu wypadła z rąk nieuważnego Romana i (*zbić, rozbić, zabić*) .... się na drobne kawałeczki.
8. Nie wszyscy uczeni są pewni, że to właśnie Krzysztof Kolumb (*nakryć, odkryć, wykryć*) .... Amerykę.
9. Wydawało mi się, że słyszę czyjeś kroki na schodach. Być może, że jednak tylko się (*dosłyszeć, przesłyszeć, usłyszeć*) ....
10. Takie imiona, jak Grzegorz czy Przemysław, są trudne dla cudzoziemców. Wielu z nich nie może ich niestety prawidłowo (*przemówić, wmówić, wymówić*) ....
11. Kupiłeś za dużo mięsa. Tylko część dzisiaj usmażymy na obiad. Resztę (*zmrozić, zamrozić, odmrozić*) .... w lodówce.
12. Nasze dzieci tak szybko rosną. Mikołaj już chyba niedługo (*dorosnąć, przerosnąć, wyrosnąć*) .... własnego ojca.

Czasowniki z prefiksem *na-*

* **wyrażają:**

– działanie i zajęcie miejsca na powierzchni przedmiotu (**na**cisnąć, **na**sypać)
– działanie o dużym stopniu intensywności (**na**czekać + **się**, **na**robić + **się**)
– działanie zmieniające (poprawiające) właściwość przedmiotu (**na**oliwić, **na**pełnić)
– zrealizowanie czynności nazwanej czasownikiem bazowym (**na**pisać, **na**rysować)

18 Dlaczego płaczesz?

Synu, nadużywasz mojej cierpliwości! Płaczesz i płaczesz. Przecież robię, co mogę. Nadskakuję ci od rana. Nadbiegam, kiedy tylko mnie potrzebujesz. Nie będę już nadmieniał, że i bez tego mam się czym zająć. Cholera! Dlaczego tak krzyczysz? Nadwerężysz się. Nadszarpniesz sobie struny głosowe. To niebezpieczne w twoim wieku. Proszę, daj mi chwilę spokoju! Czy wiesz, jakie mam zaległości w czytaniu gazet i oglądaniu telewizji? Nigdy tego nie nadrobię.

Co, znowu masz mokro? Czekaj, zaraz ci zmienię pieluszkę. Ale musisz mi pomóc. Albo ty jesteś już taki duży, albo te pieluszki trzeba nadsztukować. Może je trochę nadpruć? Nie, lepiej je nadciąć nożyczkami. O, same się naddarły. Świetnie, teraz masz znowu sucho. Chcesz swoją butelkę z mlekiem? Zaraz ci ją dam. Tylko zmienię smoczek. Ten już trochę nadgryzłeś. I śpij wreszcie! Płacz bardzo nadwątla twoje zdrowie. A przecież mój syn musi być zdrowy i silny.

Nie rozumiem natomiast, dlaczego nie nadchodzi twoja matka. Chyba specjalnie nadkłada drogi. Nie śpieszy się jej do nas. Takie już są te kobiety, synu. Człowiek tylko nadstawia za nie karku. I po co? Nigdy nie wiesz, chłopie, czy twoja pani nadfrunie nagle pogodna jak ptak, czy nadciągnie jak burza z piorunami. Dlatego nie żeń się synu za szybko. Zdążysz! Ja twoją matkę poznałem za pośrednictwem biura matrymonialnego. Nadesłała mi swoją ofertę. Wiesz, kilka dobrze zrobionych fotografii, na których nie widać, że czas trochę już nadgryzł i nadpsuł jej urodę.

Co, śpisz wreszcie? Doskonale! I mamusia właśnie nadjechała. No, to po kłopocie.

ĆWICZENIA

1

Proszę odpowiedzieć na pytania dotyczące tekstu.

1. W jakim wieku jest syn Adama?
2. Czy Adam i jego syn zostali sami w domu?
3. Co Adam robi najchętniej, kiedy jest w domu?
4. Dlaczego Adam musi zmienić synowi pieluszkę?
5. Dlaczego żony Adama nie ma tak długo w domu?
6. Dlaczego płacz dziecka martwi Adama?
7. W jakich okolicznościach Adam poznał swoją żonę?
8. Czy żona Adama jest fotogeniczna?
9. Czy Adamowi udało się wreszcie uśpić syna?
10. Czy żona Adama wróciła do domu piechotą?

2

Proszę uzupełnić poniższe zdania odpowiednimi czasownikami (*jechać, chodzić, lecieć, biec, płynąć, frunąć, ciągnąć*).

1. Samoloty nieprzyjaciela .... w przewyższającej nasze oczekiwania liczbie.
2. Ten ptak nie wiadomo kiedy .... nad moją głową. Zanim się zorientowałem, miałem już brudne ubranie.
3. Pan Kowalczyk ucierpiał w wypadku samochodowym. Na szczęście karetka pogotowia ratunkowego .... po kilku minutach.
4. Polarny front atmosferyczny .... do nas wczoraj, z północnego wschodu.
5. Kwiaty więdną, liście żółkną, temperatura spada. Chyba .... jesień.
6. Już od paru minut byliśmy na mecie wyścigu, a Andrzej ciągle jeszcze nie ....
7. Staliśmy na brzegu i karmiliśmy kaczki. Nagle .... dwa piękne łabędzie.

3

Proszę uzupełnić poniższe zdania odpowiednimi czasownikami.

1. To miała być droga na skróty. A tymczasem musieliśmy tylko (*przerobić, nadrobić, dorobić*) .... kilka kilometrów.
2. Uważaj lepiej na to krzesło! Jedna z jego nóg chyba się trochę wczoraj (*przełamać, złamać, nadłamać*) ....
3. Nie ma potrzeby, żebyśmy mówili o moich problemach. Chciałem tylko (*odmienić, nadmienić, zmienić*) .... o ich istnieniu.
4. Nie robiłeś nic, kiedy my przez dwa tygodnie uczyliśmy się. Nie mam pojęcia, jak teraz to wszystko (*dorobić, zarobić, nadrobić*) ....
5. Napisałem list do Adama już miesiąc temu. A on dopiero przedwczoraj (*nadesłać, dosłać, zasłać*) .... mi odpowiedź.
6. Anna lubi siedzieć w ciszy przy otwartym oknie i (*dosłuchiwać się, nadsłuchiwać, wysłuchiwać*) .... dobiegających z sąsiedztwa odgłosów.
7. Wszyscy płacimy podatki, ale Adam świadomie płaci wyższe. Jest jedynym znanym mi człowiekiem, który (*odpłacić, nadpłacić, wypłacić*) ....
8. Kobiety lubią Adama i chętnie spełniają jego zachcianki. Ale ty wręcz mu (*podskakiwać, nadskakiwać, wyskakiwać*) ....

4

Proszę uzupełnić poniższe zdania czasownikami z prefiksem *nad-* (*rdzewieć, gryźć, pleśnieć, palić*).

1. Na tym chlebie jest pleśń. Zwłaszcza z tej strony wyraźnie już ....
2. Myszy to gryzonie. Zobacz jak .... ten ser.
3. Podobno lubisz sery z pleśnią. Ten będzie ci smakował, ponieważ już trochę ....
4. Rdza jest największym wrogiem metalu. Nie dziwię się więc, że mój stary samochód trochę już ....
5. Anna wrzuciła list od Adama prosto do ogniska. Później szybko go wyjęła, ale zdążył się już trochę ....

5

Proszę wyjaśnić znaczenie poniższych zwrotów i określeń.

1. Nadużywać czyjejś cierpliwości.
2. Nadskakiwać komuś.
3. Nadstawiać za kogoś karku.
4. Nadkładać drogi.

6

Proszę uzupełnić poniższy tekst.

Nauka języka polskiego .... prawia mi wiele kłopotów. Nie zawsze .... trafię .... mówić trudne fonetycznie słowa. Nie zawsze też mogę je poprawnie .... pisać. Na lekcjach próbuję jak najwięcej .... mawiać w tym języku. Moi koledzy z grupy również .... pełniają wiele błędów. Nie .... padamy jednak w przygnębienie. Przecież .... brnęliśmy już przez pierwszy semestr. Teraz jest nam łatwiej .... rozumieć polecenia lektora. On .... parł się, żeby mówić do nas tylko po polsku. .... brał sobie tę brutalną, ale i skuteczną metodę, bo szybko .... rozumiał, iż jesteśmy zdolnym i ambitnym zespołem. .... daje nam wiele pracy do domu. Ja nie zawsze mam czas, żeby ją .... robić. Lubię .... pracować trochę wieczorem, ale nie codziennie. Zwłaszcza pod koniec tygodnia nie .... trafię .... gospodarować na to wolnego czasu. Potrzebuję go, żeby .... znawać lepiej Polskę i Polaków. Jest tu tyle miejsc, do których warto .... jechać. Aż trudno .... wierzyć, jak mało Europejczycy znają ten kraj. A turyści amerykańscy czy azjatyccy wręcz nie .... puszczają, jak jest piękny i nieodkryty. .... glądam też chętnie polskie filmy i spektakle teatralne. One .... bliżają mnie do tego języka i tej kultury.

Czasowniki z prefiksem *nad-*

* **wyrażają:**

– działanie zaczęte (**nad**psuć, **nad**pleśnieć)
– działanie większe niż wymagane, spodziewane, normatywne (**nad**użyć, **nad**płacić)
– działanie dodatkowe, uzupełniające (**nad**budować, **nad**robić)
– ruch skierowany w stronę obiektu (**nad**jechać, **nad**lecieć)

19 Zawód jak każdy inny

To prawda, że okradam ludzi. Dlaczego? Mam pięcioro dzieci i muszę otoczyć je należytą opieką. A do tego los obdarował mnie bardzo wymagającą żoną. Dla niej to za mało, że mamy dom i ogród. Musimy je jeszcze ogrodzić i obsadzić drzewami. A kiedy się już z tym uporam, żona obmyśli dla mnie nowe zadania. Nikogo nie okłamię, jeśli powiem, że moja rodzina opływa w dostatki.

W pracy – że tak to nazwę – opracowałem własną metodę działania. Chętnie ją tutaj opiszę. Najpierw objeżdżam miasto rowerem. Obserwuję dworce i przystanki autobusowe. Później, kiedy już widzę odpowiednią osobę, obchodzę ją kilka razy. Wtedy oceniam sytuację i bacznie oglądam bagaże. Obmyślam szczegółowy plan.

Ważny jest też wygląd. Dlatego krótko obcinam włosy. A przed wyjściem do pracy nie zapominam starannie się ogolić. Następnie piję mocną kawę, bo ona zawsze mnie orzeźwia. A twarz obmywam zimną wodą. Na śniadanie raczej nie objadam się. Gdyż nie chcę się niepotrzebnie obciążać.

Często jednak muszę obejść się smakiem. Ludzie dzisiaj potrafią oszukać samego diabła. Nie zawsze więc mogę obdarowywać moją rodzinę prezentami. Co robić? Zawód jak każdy inny. Tyle że kiedyś może obrócić się przeciwko mnie.

ĆWICZENIA

1

Proszę odpowiedzieć na pytania dotyczące tekstu.

1. Czy rodzina Wiktora, bohatera opowiadania, jest wielodzietna?
2. Co można powiedzieć o żonie Wiktora?
3. Czy Wiktor mieszka w dużym wieżowcu w centrum miasta?
4. Co wiemy o metodach pracy Wiktora?
5. Czy Wiktor pracuje sam, czy w zespole?
6. Czy Wiktor jest mężczyzną dbającym o wygląd?
7. Czy Wiktor jada obfite śniadania?
8. Czy Wiktor zawsze odnosi sukcesy zawodowe?
9. Jaki Wiktor ma stosunek do swojej pracy?
10. Czy wykonywany przez Wiktora zawód jest popularny na świecie?

2

Proszę uzupełnić poniższe zdania odpowiednimi czasownikami (*kleić, lecieć, toczyć, pakować, sadzić, płynąć, jechać, chodzić, padać, sunąć*).

1. Pan minister już .... wszystkie ważne stanowiska wybitnymi specjalistami.
2. Wsiadłem w samochód i .... wszystkie kwiaciarnie w mieście. Nigdzie nie było białego bzu.
3. Dziadek przez całe życie był marynarzem. .... świat dookoła kilka razy.
4. Twoja córka ma spore kłopoty z nauką. Powinieneś .... ją większą opieką.
5. Szybowiec długo latał nad naszym miastem. A później wolno .... na płytę lotniska.
6. Już mam świąteczne prezenty dla całej rodziny. Teraz potrzebuję kupić ładny papier, żeby je ....
7. Pan, panie sąsiedzie, jest bardzo odważny. Ale wczoraj na widok naszego psa .... pana strach.
8. Adam jest filatelistą. Więc kiedy wysyłam do niego list, całą kopertę .... znaczkami pocztowymi.
9. To prawda, że kiedyś Cię kochałem. Ale dzisiaj Twój los już nic a nic mnie nie ....
10. Wczorajsza lawina była potężna. Aż trudno ocenić, ile śniegu .... z tej góry, w kierunku schroniska.

3

Proszę uzupełnić poniższe zdania odpowiednimi czasownikami (*mówić, jeść, grać, rzucać, rwać, ciąć, kłamać, protestować, płakać, drzeć*).

1. Jan zawsze mówi prawdę. No, może raz czy dwa próbował .... swojego szefa.
2. Ja nie żałuję nikomu jedzenia. Ale jeśli nasi goście zostaną u nas jeszcze dwa dni, ... nas do końca.
3. Nie myślałem, że tak dobrze grasz w szachy........................ .... mnie już trzeci raz z rzędu.
4. Ewa zerwała tylko jedno jabłko i narobiła tyle zamieszania. Co stałoby się, gdyby .... wszystkie?
5. Kiedy zdechł nasz stary pies Azor, ... go jak członka rodziny.
6. Beata zawsze nosiła długie rozpuszczone włosy. Więc kiedy je wczoraj ...., nikt jej nie poznał.
7. Jeśli nie oddasz mi moich pieniędzy, to .... Cię żywcem ze skóry.
8. Nie wierz w nic, co ci ludzie mówią o mnie. Oni potrafią .... każdego.
9. Mieszkańcy naszego miasta nie zgadzają się na budowę autostrady w tym miejscu. Dlatego .... ten projekt.
10. Ten polityk nie jest lubiany w naszym środowisku. Ale to nie my .... go jajkami.

4

Proszę uzupełnić poniższe zdania odpowiednimi czasownikami (*mówić, darować, fotografować, ciążyć, liczyć, dzwonić, pisać, pracować*).

1. Wiele firm buduje mosty. Ale tylko nasza .... tak nowoczesne metody działania.
2. Nie wszystko jest jeszcze oczywiste w naszych planach urlopowych. Może spotkamy się jutro i .... ten problem.
3. Dlaczego lubię książki Henryka Sienkiewicza? Bo nikt lepiej nie potrafi .... naszej historii.
4. Nie byłem w tym roku zbyt grzeczny, dlatego Święty Mikołaj nie .... mnie takimi prezentami, jakie bym chciał.
5. Nikt nie pożyczył mi pieniędzy. A przecież siedziałem przy telefonie cały wieczór i .... wszystkich przyjaciół i znajomych.
6. Adam kupił sobie świetny aparat fotograficzny. W czasie naszej wycieczki do Włoch .... cały Rzym i Florencję.

7. Nie wiem, czy mamy tyle pieniędzy, żeby jechać do Grecji. Musimy to szybko ....
8. Ja i tak już pracuję po dziesięć godzin dziennie. Nie chciałbym się jeszcze więcej .... nowymi zajęciami.

5

Proszę wyjaśnić znaczenie poniższych zwrotów i określeń.

1. Opływać w dostatki.
2. Obejść się smakiem.
3. Obsadzać stanowiska.
4. Otoczyć kogoś opieką.
5. Obleciał mnie strach.
6. Twój los mnie nie obchodzi.
7. Obdzierać kogoś żywcem ze skóry.

6

Poniższe zdania proszę uzupełnić odpowiednimi prefiksami czasownikowymi.

1. Czy znasz tę powieść i film „.................. minęło z wiatrem"?
2. Przepraszam, że nie .... witałem się z tobą wcześniej, ale mam słaby wzrok i po prostu cię nie zauważyłem.
3. Wiadomość o śmierci pana profesora bardzo nas .... smuciła.
4. Koszula jest czysta, ale ktoś musi ją jeszcze .... prasować.
5. Obiad będzie dopiero za godzinę. Możemy więc teraz coś małego .... kąsić.
6. Byłem u państwa Kowalskich o szesnastej. Ale Anny niestety tam nie .... stałem.
7. To oczywiste, że jest ci smutno po zniknięciu naszego kota. Ale zamiast .... płakać się, pomyśl, jak możemy go odnaleźć.
8. Nie mogliśmy tego .... widzieć, że w czasie spaceru złapie nas ulewny deszcz.
9. Myślałem, że dobiegnę do mety pierwszy. Niestety .... ceniłem swoje możliwości.
10. Babcia będzie miała jutro dziewięćdziesiąte urodziny. Musimy .... myśleć, jaki prezent .... prawiłby jej największą radość.

Czasowniki z prefiksem *o-, ob-*

*** wyrażają:**

– działanie dookoła obiektu, osoby (**ob**murować, **o**toczyć)
– ruch dookoła obiektu (**o**płynąć, **ob**chodzić)
– ruch skierowany w dół (**o**padać, **o**suwać)
– działanie powodujące stratę, mające złe następstwa (**o**kraść, **ob**jeść)
– działanie powodujące rozdzielenie przedmiotów (**o**strzyc, **ob**łamać)
– działanie kompletne, wyczerpujące, zamykające problem (**o**pracować, **o**mówić)
– działanie skoncentrowane na wielu obiektach (**o**znakować, **ob**malować)

Musimy odpocząć 20

Stanisław odbył ostatnią rozmowę z Bożeną. Odpowiedzieli sobie na wszystkie pytania. Oddała mu wszystkie jego listy, upominki, klucze. Powiedziała, że definitywnie odchodzi. Chciała odetchnąć od niego. Oderwać się od zmartwień i problemów. Było już późno, gdy telefonowała po taksówkę, by odjechać na zawsze. Nie wiedział, jak odwieść ją od tego zamiaru. Oddałby wiele, żeby została. Ciągle wierzył, że mogliby jeszcze wszystko odbudować. Nie wydawało mu się to możliwe, by Anna tak zupełnie odkochała się. Przecież do tej pory zawsze udawało im się odnajdować coś, co ich łączyło. Dlaczego więc teraz odpycha go od siebie? Już od dawna czuł, że krok po kroku oddalają się od siebie. On też miał chwile, w których chciał odpocząć od Anny. Nigdy jednak nie odkrył w sobie pragnienia, by odejść. Teraz, gdy stali przed domem, Anna nie odpowiadała na jego spojrzenia. Odwracała głowę, kiedy próbował ją całować. Słyszał tylko, jak nerwowo, głośno prawie oddycha. Stali nic nie mówiąc, bo wszystkie argumenty i tajemnice dawno już przed sobą odsłonili. Adam czuł się tak, jakby ktoś odkroił mu kawałek serca. Nie mógł odpędzić od siebie złych przeczuć. Czy mogli, czy chcieli jeszcze odzyskać się? Stare powiedzenie mówi, że miłości się nie odgrzewa. Więc to koniec. Więc oderwali się od siebie. I każde z nich stojąc jeszcze na ulicy, już odpływało w swoją nieznaną przyszłość.

ĆWICZENIA

1

Proszę odpowiedzieć na pytania dotyczące tekstu.

1. Czy Bożena była zmęczona znajomością ze Stanisławem?
2. Czy Bożena chciała odjechać tramwajem czy autobusem?
3. Czy Stanisław kochał Bożenę?
4. Czy również Stanisław miał chęć zerwać znajomość z Bożeną?
5. Czy Bożena i Stanisław mieli sobie jeszcze coś do powiedzenia?
6. Gdzie odbywało się rozstanie Stanisława i Bożeny?
7. Czy Bożena chciała, żeby Stanisław ją pocałował?
8. Czy Bożena i Stanisław mieli przed sobą jakieś tajemnice?
9. Co było powodem, że Bożena miała przyśpieszony oddech?
10. Czy Bożena i Stanisław rozstali się ostatecznie?

2

Proszę uzupełnić poniższe zdania odpowiednimi czasownikami (*jechać, lecieć, frunąć, wrócić, chodzić, prowadzić, nieść, biec*).

1. Było późno i Anna bała się sama wracać do domu. Poprosiła więc Adama, żeby ją . . . .
2. Na lotnisku jest dzisiaj strajk i żaden samolot z niego nie . . . . Może jutro coś się zmieni.
3. Rozmawiamy teraz o polityce zagranicznej naszego państwa, a pani ciągle mówi o swojej nowej sukience. Proszę nie . . . . tak bardzo od tematu.
4. Przeczytałem już wszystkie wypożyczone książki. Mogę je więc . . . . do biblioteki.
5. Wszyscy siedzimy już w samochodzie i czekamy na Annę. Przecież nie . . . . bez tej niepunktualnej dziewczyny.
6. Te ptaki można obserwować jedynie z daleka. Kiedy próbuje się podejść do nich bliżej, natychmiast . . . .
7. Historia jest jedna i niepowtarzalna. Szkoda, że nie można cofnąć się w czasie i . . . . jej biegu.
8. Kochasz mnie? Więc dlaczego . . . . ?

3

Proszę uzupełnić poniższe zdania odpowiednimi czasownikami (*pisać, pracować, powiedzieć, spać, budować, rosnąć, mrozić, kupić, być*).

1. Masz tyle starych płyt, których wcale już nie słuchasz. Ja chętnie wszystkie od Ciebie .... Podaj tylko cenę.
2. Znani ludzie dostają tyle listów, że nie są w stanie na wszystkie ....
3. Anna ścięła swoje piękne długie włosy. Teraz tego żałuje, bo wie, że one tak prędko nie ....
4. Jeśli pozwoli mi pan, panie dyrektorze, wyjść z biura dzisiaj godzinę wcześniej, to chętnie .... ją jutro.
5. Jestem zmęczony, bo wczoraj byłem z Anną na balu sylwestrowym. Ale skoro dzisiaj jest dzień wolny, to mogę to ....
6. To prawda, że od dawna pytasz mnie ciągle o to samo. Ale ja ciągle nie potrafię Ci ....
7. To miasto przeżyło trzęsienie ziemi. Potrzeba wiele czasu i pieniędzy, żeby je całe ....
8. Moją dwuletnią służbę wojskową .... daleko od domu i rodziny.
9. Nie spodziewałem się tak niskich temperatur i nie miałem ze sobą czapki. Niestety .... sobie lewe ucho.

4

Proszę uzupełnić poniższe zdania odpowiednimi czasownikami (*czytać, słuchać, śpiewać, czekać, siedzieć, uczyć, mówić*).

1. Zapraszam Cię na koncert do filharmonii. Kupiłem już bilety, więc mam nadzieję, że mi nie ....
2. Dłubanie palcem w nosie jest brzydkim przyzwyczajeniem. Dlatego pan Norbert próbuje się go od kilku lat ....
3. Piszesz jak kura pazurem i jeszcze się dziwisz, że nikt nie jest w stanie .... twoich listów.
4. O tej porze w parku jest bardzo dużo ludzi. .... jeszcze dwie godziny i dopiero wtedy wybiorę się na spacer.
5. Nie było mnie cały wieczór w domu. Powinienem .... tego, co zarejestrowała moja automatyczna sekretarka.
6. Przed każdym meczem piłkarskiej reprezentacji zawsze wszyscy wstajemy z miejsc, by wspólnie .... nasz narodowy hymn.
7. Ostatnie dwa lata nie widziałem naszego sąsiada. Wiem, że miał problemy z prawem i pewnie musiał ten czas........ w więzieniu.

5

Proszę wyjaśnić znaczenie poniższych zwrotów i określeń.

1. Odwieść kogoś od zamiaru.
2. Odgrzewana miłość.
3. Odbiegać od tematu.
4. Odwracać bieg historii.
5. Odsiedzieć dwa lata.
6. Pisać (bazgrać) jak kura pazurem.

6

Poniższe zdania proszę uzupełnić odpowiednimi prefiksami czasownikowymi.

1. Jeśli nie przeprosisz Anny za wszystkie przykrości, jakie jej wyrządziłeś, to nigdy nie .... znasz spokoju sumienia.
2. Adam tylko udaje, że potrafi grać na oboju. Ja pierwszy .... znałem się na tym kłamstwie.
3. Moglibyśmy spotkać się kiedyś w jakimś miłym, ustronnym miejscu i trochę lepiej się .... znać.
4. Kiedy pierwszy raz zobaczyłem Annę, ... znałem olśnienia.
5. Astrologia jest dyscypliną, której nikt prawie nie chce .... znać za naukę.
6. Adam kochał się w Annie od dziecka. Ale dopiero teraz odważył się jej to .... znać.
7. Wiem, że nie jest łatwo .... znać się do własnych błędów.
8. Świadek zgodził się .... znać w sądzie, że widział uciekającego mordercę.

Czasowniki z prefiksem *od-*

* **wyrażają:**

– działanie oddalające od obiektu (**od**jechać, **od**gryźć)
– ruch obrotowy (**od**wirować, **od**kręcić)
– działanie rekompensujące (**od**espać, **od**robić)
– działanie zmierzające do przywrócenia poprzedniego stanu rzeczy (**od**nowić, **od**budować)
– działanie trwające przez pewien określony czas (**od**czekać, **od**być)
– działanie likwidujące dotychczasowy stan rzeczy (**od**młodzić się, **od**chudzić się)

– działanie będące reakcją na coś (**od**powiedzieć, **od**mówić)
– działanie kopiujące (**od**rysować, **od**wzorować)
– działanie oficjalne (**od**śpiewać, **od**czytać)
– działanie powodujące złe skutki (**od**parzyć, **od**wodnić się)
– działanie według wzoru (**od**rysować, **od**kuć)
– powtórzenie działania określonego czasownikiem bazowym (**od**powiedzieć, **od**kłonić się)

21 Wystarczy popatrzeć

Postanowiłem tutaj trochę posiedzieć. To w końcu mój dom i moje pieniądze. Potrzebowałem wielu lat, żeby wreszcie je mieć. I teraz już nikt nie powie, że nie potrafiłem poradzić sobie w życiu. Moi przyjaciele dużo podróżują. Ja nie. Nie muszę się z nimi porównywać. Świat pokazują w interesujący sposób, również w telewizji.

Wystarczy tylko popatrzeć. Nie trzeba zaraz pojechać na drugi koniec świata ani popłynąć w rejs, który pochłania z reguły kilka miesięcy. Dlatego czasem poczytam sobie coś o innych kontynentach. To mi absolutnie wystarczy. Może i chciałbym poznawać bliżej obce cywilizacje, ale to jeszcze nie powód, żeby pozbywać się własnych pieniędzy. Pomyślicie pewnie państwo, że jestem skąpy? Powiem, iż raczej oszczędny. Mężczyzna powinien myśleć o kwestiach materialnych. Musi więc posiadać dobrą posadę i pozycję społeczną. A w tym wszystkim najlepiej, jeśli pomaga mu kobieta. Wiele lat temu poznałem i pokochałem Teresę. Polubiłem też szybko jej zamożnego ojca. To on pokazał mi, jak powinienem żyć i pracować. Teresa popiera oszczędny styl życia. Już w dniu, kiedy pocałowała mnie pierwszy raz, pojąłem, że to właśnie ta kobieta. Prędko poprosiłem o jej rękę. A gdy powiedziała – TAK!, poprowadziłem ją przed ołtarz i poślubiłem bez wahania. Ona sama postanowiła, że przez cały nasz miesiąc miodowy pozostaniemy w domu. Sami państwo powiedzcie, jaka to wspaniała partnerka. Ona poświęci dla mnie wszystko. Wieczorami lubimy z Teresą pogadać o głupocie i rozrzutności naszych sąsiadów lub policzyć aktualnie oszczędzone pieniądze. Nigdy nikomu ich nie pożyczamy. Dlatego powodzi nam się dobrze. Wystarcza nam świadomość, że możemy pozwolić sobie na wszystko. No, może kiedyś, kiedy moje włosy do reszty już posiwieją, a Teresa nie będzie mogła pokryć kosmetykami zmarszczek na twarzy – może wtedy trochę poszalejemy. Pojedziemy sobie na urlop. Albo pospacerujemy po parku. Na razie niech pozostanie tak, jak jest.

ĆWICZENIA

1

Proszę odpowiedzieć na pytania dotyczące tekstu.

1. Co stanowi dla Mirosława, bohatera opowiadania, cel życia?
2. Co zdaniem Mirosława powinien robić każdy mężczyzna?
3. Czy Mirosław interesuje się geografią?
4. Co Mirosław myśli o podróżach zagranicznych?
5. Jakie cechy charakteru Teresy podobają się Mirosławowi najbardziej?
6. Dlaczego Mirosław tak szybko zaakceptował swojego teścia?
7. Czy Teresa i Mirosław wzięli ślub kościelny?
8. Jak Mirosław i jego żona najchętniej spędzają wieczory?
9. Dokąd Teresa i jej mąż wybrali się w podróż poślubną?
10. Czy Teresa i Mirosław są dobraną parą?

2

Proszę uzupełnić poniższe zdania odpowiednimi czasownikami (*stać, siedzieć, spacerować, czytać, leżeć, trwać, tańczyć, słuchać, rozmawiać, spać*).

1. Wiesz przecież, że zawsze dobrze Ci radzę. Dlatego mógłbyś mnie choć raz na jakiś czas . . . .
2. Jest sobotni wieczór. Może pójdziemy do dyskoteki ze znajomymi trochę sobie . . . . ?
3. Bolą mnie oczy, a jeszcze nie skończyłem tej książki. Może będziesz tak miła i . . . . mi przez parę minut?
4. Ciągle jeszcze jestem optymistą. Wiem jednak, że remont naszego domu nie . . . . tak krótko, jak myśleliśmy.
5. Adam był bardzo chory i ciągle nie czuje się najlepiej. Chyba będzie musiał jeszcze przez kilka dni . . . . w łóżku.
6. Mieliśmy dużą chęć . . . . po tym pięknym parku, ale lunął deszcz i wróciliśmy do domu.
7. Nigdy nie mamy dla siebie czasu. Kiedy wreszcie spotkamy się i spokojnie . . . . przy butelce dobrego wina?
8. Anna nie przychodziła. Adam . . . . jeszcze przez moment przed kawiarnią i zrezygnowany odszedł w stronę dworca.
9. Nie ukrywam, że jestem zmęczony. Chętnie zostałbym w domu, wyłączył telefon i . . . . kilka godzin.
10. Zupełnie nie potrafię zrozumieć twojego zachowania. Dlatego musimy o tym wreszcie . . . .

3

Proszą uzupełnić poniższe zdania odpowiednimi czasownikami (*kochać, myśleć, czuć się, weselеć, jechać, płynąć, sypać, plamić, czekać, brudzić, pękać, kryć*).

1. Kiedy zimą jezdnie i chodniki są oblodzone, najlepiej wtedy .... je piaskiem lub specjalną solą.
2. Moja żona była od tygodnia smutna i zapłakana.................. dopiero na widok złotego pierścionka, który jej dzisiaj kupiłem.
3. Jesteś kłótliwą i niesympatyczną kobietą. Nie wiem jak mogłem Cię kiedyś ....
4. Nalewanie czerwonego wina do kieliszków jest dużą sztuką. Adam nie powinien nigdy tego robić, bo on zawsze .... obrus.
5. Ten antybiotyk jest skuteczny. Adam .... po nim znacznie lepiej.
6. Nigdy jeszcze nie byłem w Portugalii. Ale w tym roku na pewno tam ....
7. Deszcz nie padał tu od paru tygodni i ziemia w wielu miejscach wyschła i ....
8. Ta łódka jest na tyle duża, że wszyscy możemy w niej bezpiecznie .... na drugi brzeg jeziora.
9. Zaczął padać śnieg. Był tak obfity, że już po kwadransie .... wszystko białym puchem.
10. Jeśli masz zamiar reperować samochód, to załóż rękawiczki, żeby nie .... rąk.
11. Wszyscy jesteśmy bardzo głodni, ale musimy .... , aż Anna skończy gotować obiad.
12. Zastanawiałem się długo nad zmianą mieszkania. To trudna decyzja, więc chciałbym o tym jeszcze trochę ....

4

Proszę uzupełnić poniższe zdania odpowiednimi czasownikami (*witać, żegnać, chwalić, budzić, nosić, całować*).

1. O ile wiem, to mój dziadek dopiero po pół roku znajomości z babcią wreszcie .... ją w policzek.
2. Jutro przyjeżdża nasz przyjaciel, który mieszka na stałe we Francji. Wszyscy wybieramy się na lotnisko, żeby go ....
3. Jest pan złym i niepunktualnym pracownikiem. Jeśli pan tego nie zmieni, to będziemy musieli się ....
4. Mieszkam w małym i sennym miasteczku. Cały czas myślę, co zrobić,

żeby .... jego mieszkańców do działania.
5. Mój syn wreszcie zaczął się dobrze uczyć. Dlatego chcę go teraz przed wami ....
6. Nasze małżeństwo jest katastrofą! Ale winę za ten stan rzeczy .... tylko ty.

5

Proszę wyjaśnić znaczenie poniższych zwrotów i określeń.

1. Poprosić kogoś o rękę.
2. Poprowadzić kogoś przed ołtarz.
3. Poświęcić dla kogoś wszystko.
4. Powodzi mi się dobrze.
5. Móc pozwolić sobie na wszystko.
6. Senne miasteczko.
7. Stan rzeczy.
8. Ponosić za coś winę.

6

Proszę uzupełnić poniższy dialog.

– Jest fatalna pogoda. Chyba znów .... czyna padać deszcz.
– Więc już kolejny dzień nie .... bierzemy się na spacer.
– Co mogę na to .... radzić?
– Może .... dzwoń do nieba.
– Myślisz, że tam ktoś .... powiada za sprawy pogody?
– Nie mam pojęcia. Musisz .... pytać.
– Sądzę, że za taką rozmowę telefoniczną trzeba by wiele .... płacić.
– Nie na wszystkim da się .... oszczędzić.
– A może .... czekamy jeszcze dwa, trzy dni?
– I .... nudzimy się na śmierć siedząc w mieszkaniu.
– Ja osobiście jestem bardzo .... wiązany do naszego mieszkania.
– A ja już od lat mam chęć gruntownie je .... meblować.
– Najpierw należałoby .... malować te brudne ściany.
– Dobrze byłoby też .... mienić glazurę w łazience.
– A może byśmy .... rzucili starą wannę i kupili kabinę natryskową?
– Chętnie, ale kto za to wszystko .... płaci?
– To prawda, że należałoby dużo .... inwestować w taki remont. Ale co innego można .... robić, kiedy pada deszcz?
– Można .... prosić gości na kolację.

– Albo . . . . gapić się w telewizor.
– Albo . . . . czytać trochę i . . . . słuchać dobrej muzyki.
– Albo . . . . uczyć się trochę polskiego.
– A tu już . . . . sadziłeś. Wolę . . . . brać się na deszczowy spacer.
– A może lepiej . . . . jedziemy do kina?
– Albo . . . . .

Czasowniki z prefiksem *po-*

* **wyrażają:**

– działanie (bardzo) ograniczone w czasie (**po**czekać, **po**leżeć)
– działanie początkowe (**po**czuć, **po**smutnieć)
– działanie zachodzące na całej powierzchni obiektu lub w wielu jego miejscach (**po**pękać, **po**malować)
– działanie częściowe, dodatkowe (**po**solić, **po**siwieć)
– działanie wielokrotne (**po**rozbijać, **po**dodawać)
– działanie wielokrotne o niewielkim stopniu nasilenia (**po**wątpiewać, **po**legiwać)
– dodatkowe działanie jednorazowe (**po**chwalić, **po**klepać)

Wszyscy o mnie mówią 22

Już w szkole nikt mnie nie lubił. Podkradałem kolegom ich rzeczy z kieszeni i teczek. Nigdy nikomu nie podpowiadałem, mimo że świetnie się uczyłem. Na przerwach podstawiałem nogę biegnącym przez korytarz koleżankom. Można powiedzieć, iż w ten sposób je podrywałem. Nic więc dziwnego, że na szkolnych zabawach najczęściej podpierałem ściany. Nie byłem też ulubieńcem nauczycieli. Często im podpadałem, gdyż podrabiałem stopnie w dzienniku.

Na studiach również podchodziłem do ludzi z dystansem. A oceny i zaliczenia w indeksie sam sobie podpisywałem.

Kiedy skończyłem studiować, raczej nie podtrzymywałem żadnych znajomości.

Teraz jestem architektem. Pracuję w dużym biurze. Oczywiście staram się podgrzewać tutaj atmosferę. Chętnie podsłuchuję cudze rozmowy i podszeptuję innym błędne rozwiązania. W ten sposób podkopuję ich autorytet w oczach szefa. Czyli najzwyczajniej w świecie podkładam świnię, komu się tylko da.

Kiedy jadę do pracy samochodem, podwożę sekretarkę szefa. Po drodze podpytuję ją o to, co dzieje się w firmie. To nie jest trudne. Panna Krysia podsuwa mi bezwiednie dobre pomysły. Wystarczy, że w rozmowie podkreślę kilka razy, jaka jest piękna i inteligentna. Nie staram się podbić jej serca. Ale kiedy podjeżdżamy pod biuro, już wiem, co mam dalej robić. Kogo podpatrzeć, a kogo podjudzić.

Takie życie mnie podnieca. Wiem, że nikt mnie nie lubi. Ale wiem też, że wszyscy o mnie mówią. To przecież ja podburzam ich przeciwko sobie. I nigdy się nie poddam!

ĆWICZENIA

1

Proszę odpowiedzieć na pytania dotyczące tekstu.

1. Czy Szczepan, bohater opowiadania, miał w szkole powodzenie u koleżanek?
2. Czy Szczepan jest koleżeński?
3. Jaki stosunek do Szczepana mieli nauczyciele?
4. Czy Szczepan posiada wielu przyjaciół z czasów studenckich?
5. Jak Szczepan rywalizuje z kolegami w pracy?
6. Jakie plany ma Szczepan w stosunku do panny Krysi?
7. Czy Szczepanowi zależy na popularności?
8. Czy jest ktoś, kto lubi Szczepana?
9. Czy Szczepan jest inteligentny?
10. Co tak naprawdę podnieca Szczepana?

2

Proszę uzupełnić poniższe zdania odpowiednimi czasownikami (*pisać, nieść, skoczyć, ciąć, deptać, rzucać, palić, łączyć*).

1. Pożar lasu nie był chyba przypadkowy. Specjalista ze straży pożarnej twierdzi, że ktoś musiał go ....
2. Mam trochę za długie włosy jak na takie upalne lato. Chyba pójdę do fryzjera, żeby je trochę ....
3. Panie dyrektorze, dokumenty są gotowe już od trzech dni. Musi je pan tylko ....
4. Czekasz już pół godziny na autobus, a ja jadę właśnie w tym samym kierunku. Wsiadaj, to cię .... do domu.
5. Kupiłem komputer, monitor, drukarkę, skaner i głośniki. Nie wiem niestety, jak to wszystko teraz ....
6. Romeo nie mógł wejść na wysoki balkon, na którym stała Julia. Może gdyby ...., dostałby się do ukochanej.
7. Anna specjalnie upuściła swoją chusteczkę na podłogę. Ale żaden z panów nie śpieszył się, żeby ją ....

3

Proszę uzupełnić poniższe zdania odpowiednimi czasownikami (*leczyć, suszyć, grzać, uczyć, budować, liczyć, patrzeć, słuchać, robić, chwycić*).

1. Mam jeszcze zupełnie mokre włosy. Nie wyjdę z domu, zanim ich chociaż trochę nie . . . .
2. Zupa jest całkiem zimna i nie nadaje się do jedzenia. Ale ja ją szybko . . . .
3. Zostało jeszcze kilka godzin do egzaminu. To mało, ale możemy przecież trochę się . . . .
4. Pomysł Adama, żeby iść dzisiaj na koncert, był najlepszy ze wszystkich. Dlatego Anna i Maria szybko go . . . .
5. To jest bez wątpienia oryginalny obraz Jacka Malczewskiego. Nie sądzę, żeby ktoś próbował go . . . .
6. Nikt chyba nie lubi przebywać w szpitalu. Adam zostanie w nim jednak kilka dni, bo musi . . . . chore nerwy.
7. Sportowe sukcesy Janka . . . . nas wszystkich i postanowiliśmy trenować razem z nim.
8. Zrobiliśmy właśnie duże i nieprzemyślane zakupy w sklepie. Boję się momentu, w którym kasjerka to wszystko . . . .
9. Jestem prywatnym detektywem. Mój zawód polega często na tym, że muszę kogoś podpatrzeć lub . . . .
10. Sąsiedzi mają tak piękny ogródek, że wszyscy chcą ich . . . . i skorzystać ze wspaniałych pomysłów.

4

Proszę uzupełnić poniższe zdania odpowiednimi czasownikami (*trzymać, lać, pływać, jechać, iść, prowadzić, ważyć, wieść, myć, gotować*).

1. Twoje kwiaty już prawie zwiędły, bo o nie wcale nie dbasz. A przecież wystarczy je . . . . raz na kilka dni.
2. Z reguły nie zabieram autostopowiczów. Dzisiaj była jednak tak fatalna pogoda, że postanowiłem . . . . kilka osób.
3. Deszcze padały w tym rejonie przez kilka dni i . . . . okoliczne łąki.
4. Polacy są narodem znającym swoją historię. Może dlatego, zawsze chętnie . . . . narodowe tradycje.
5. Makaron nie nadaje się jeszcze do jedzenia. Musisz . . . . go dwie, trzy minuty.
6. Autorytet naukowy pana profesora jest powszechny. Nikt nie próbuje go . . . .

7. Idę prawie w tym samym kierunku, co ty. Jeśli pozwolisz, to z prawdziwą przyjemnością kawałek Cię ....
8. Kino jest za daleko, żeby iść tam piechotą. Lepiej zrobimy, jeśli .... parę przystanków tramwajem.
9. W tym stawie karpie są tak ufne i odważne, że ....
.... pod sam brzeg, na którym stoją karmiący je ludzie.
10. Góra faktycznie jest wysoka i stroma. Ale my za godzinę ....
.... pod jej szczyt.

5

Proszę wyjaśnić znaczenie poniższych zwrotów i określeń.

1. Podrywać kogoś.
2. Podpierać ściany.
3. Podkładać komuś świnię.
4. Podpaść komuś.
5. Podgrzewać atmosferę.
6. Podkopywać czyjś autorytet.
7. Podbić czyjeś serce.
8. Podrzucić kogoś do domu (pracy, ...).

6

Proszę odpowiedzieć na poniższe pytania według wzoru.
WZÓR: Czy czytasz tę książkę? *Nie, już ją przeczytałem.*

1. Czy ty ciągle jeszcze kochasz Annę?
....
2. Czy ty ciągle jeszcze uczysz się pływać?
....
3. Czy ty ciągle jeszcze chorujesz?
....
4. Czy będziesz jeszcze na nią czekać?
....
5. Czy będziesz dalej o to pytać?
....
6. Czy będziesz dalej tam pracować?
....
7. Czy będziesz spać do południa?
....
8. Czy ciągle będziesz słuchać tej samej piosenki?
....

9. Czy ciągle jeszcze leczysz swój chory ząb?

....

10. Czy ciągle jeszcze sprzątasz klatkę swojej papugi?

....

7

Proszę uzupełnić występujące w tekście czasowniki odpowiednimi prefiksami.

Piotr ...... jechał do Warszawy z Hiszpanii. ...... mieszkał w małym mieszkaniu na Mokotowie. Do pracy .... jeżdża najczęściej autobusem numer 112. .... siada do niego na przystanku przy bazarze. A ...... siada blisko Uniwersytetu Warszawskiego. Dzisiaj rano Piotr .... budził się trochę za późno. Nie miał czasu na normalne śniadanie. Nie .... pił nawet kawy. Kiedy ...... bierał się, ... dzwoniła Barbara i .... prosiła go na wieczór do siebie. Piotr bardzo się .... cieszył, bo lubi Barbarę ...... mówili się na godzinę dziewiętnastą trzydzieści. Po pracy Piotr .... szedł do kwiaciarni i kupił piękne kwiaty. Później był jeszcze u fryzjera, gdzie .... strzygł się, a nawet .... golił. Chciał .... pisać dla Barbary wiersz, ale to .... kazało się zbyt trudne. Kiedy .... jechał do domu Barbary, było tam już bardzo dużo gości. Piotr był jak zawsze głodny. Więc .... pił szybko dwa piwa, ... jadł dwie porcje bigosu i ...... palił papierosa. Długo .... mawiał z Kubą o polityce i sporcie ...... prosił Irenę do tańca. Nie .... tańczyli jednak całego wieczoru, ponieważ Irena nie lubi muzyki dyskotekowej. Gdy na zegarze .... biła północ, Piotr .... czuł zmęczenie. Chyba .... pił trochę za dużo piwa. Telefonicznie .... mówił taksówkę. .... brał się szybko i .... szedł na ulicę. Wcześniej .... żegnał Barbarę i .... dziękował jej za miły wieczór. Przez moment .... patrzył na gwiazdy. Wreszcie .... jechała jego taksówka. Piotr .... siadł do niej i .... jechał do domu.

Czasowniki z prefiksem *pod-*

* **wyrażają:**

– działanie będące częściowym osiągnięciem celu (**pod**karmić, **pod**rosnąć)
– działanie skierowane poniżej obiektu (**pod**pisać, **pod**sunąć)
– działanie określające ruch w górę (**pod**rzucić, **pod**skoczyć)
– działanie zbliżające do obiektu (**pod**ejść, **pod**lecieć)
– działanie wykonywane nieoficjalnie, w ukryciu (**pod**słuchać, **pod**robić)

23 Czy nie przeszkadzam?

Wiem, że czasem wszystkim przeszkadzam. Dość często z mojego powodu nie przesypiacie nocy. Przepraszam, ale to w pewnym sensie mój zawód. Raz na jakiś czas muszę kogoś przestraszyć. Co w tym złego, że przelecę nad waszymi głowami albo przeniknę przez ścianę? Lubię też przebiec się po cmentarzu czy przemknąć mrocznym korytarzem. Już dawno przestawiłem się na nocny tryb życia. Dlatego chętnie przesypiam dzień, żeby w nocy przebudzić się i przewietrzyć trochę w ciemnościach. Często przemieszczam się to tu, to tam. Nie przeceniajcie jednak moich możliwości. To w zasadzie wy ciągle mnie przeganiacie. Przejrzałem was! Od stuleci chcecie mnie przebadać, prześwietlić, przekształcić w coś, czym nie jestem. Naprawdę przesadzacie. Już nawet nie próbuję zmienić waszych poglądów. To nieprawda, że kiedy jest zimno, ja się nie przeziębiam. Mogę też solidnie przemoknąć, kiedy pada deszcz. Dlatego przestańcie wreszcie mnie prześladować. Nie przebierajcie mnie w te idiotyczne białe prześcieradła. Jednym słowem, przeanalizujcie swój stosunek do mnie. Bo mnie samemu jest trudno przekonać was do siebie. Nie mogę do was przemówić ani niczego z wami przedyskutować. Nie mam też sposobu i chęci, żeby was przekupić. Czas, abyście sami przejrzeli na oczy. Jak do tej pory, przegapiliście wszystkie okazje. Nie mogę przemilczeć faktu, iż z reguły przepłacacie, kupując głupie książki o duchach. Później przechowujecie je dla dzieci i wnuków. A prawda o mnie jest inna. Przekonacie się sami, jak już przejdziecie na tę drugą stronę.

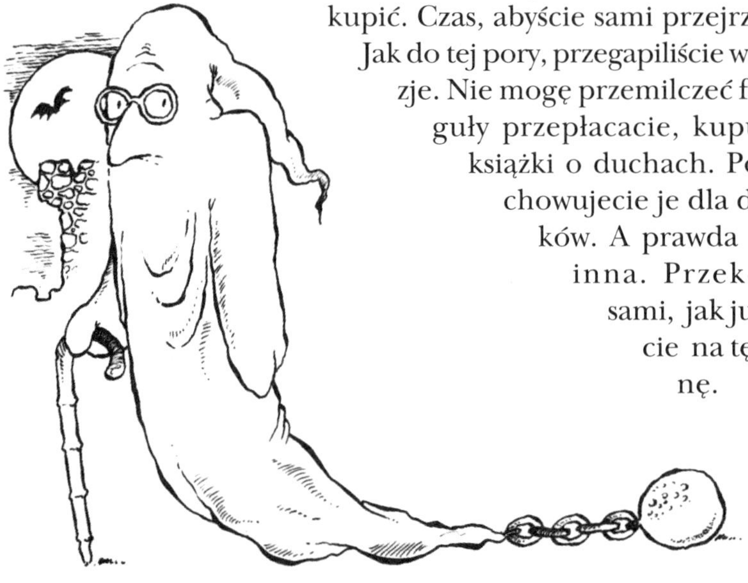

ĆWICZENIA

1

Proszę odpowiedzieć na pytania dotyczące tekstu.

1. Dlaczego Kacper, bohater opowiadania, uważa, że wszystkim przeszkadza?
2. Czy Kacper wykonuje jakiś zawód?
3. Dlaczego Kacper może pracować tylko w nocy?
4. Co można powiedzieć o miejscu pracy Kacpra?
5. Dlaczego od dawna ludzie interesują się tak bardzo Kacprem?
6. Jaki stosunek ma Kacper do białych prześcieradeł?
7. Czy Kacper jest rozmowny?
8. Czy ktoś już kiedyś napisał książkę o Kacprze?
9. Ile lat ma Kacper?
10. Kim właściwie jest Kacper?

2

Proszę uzupełnić poniższe zdania odpowiednimi czasownikami (*żyć, siedzieć, gapić, grać, pić, liczyć, czytać, chować*).

1. Poszedłem z Anną do kina na ten nudny, sentymentalny film i nawet go obejrzałem. Przez całe dwie godziny starałem się niczego ważnego nie .... Ja bardzo kocham Annę!
2. Myślę, że to nie jest interesujące czasopismo. Ostatni numer .... jednak z uwagą.
3. Adam miał nadzieję, że jest dobrym pływakiem i dopłynie do brzegu. Niestety, trochę się .... z siłami.
4. W tym miasteczku dworzec kolejowy jest mały i nie ma przechowalni bagażu. Nie mam pojęcia, gdzie mogę .... moją walizkę.
5. Wyprawa w Himalaje była największą przygodą mojego życia. Marzę o tym, żeby .... ją jeszcze raz.
6. Alkoholizm jest smutną i kosztowną chorobą. Jej ofiary .... najczęściej wszystko, co są w stanie zarobić.
7. Nie jestem człowiekiem, który odnosi w życiu same sukcesy. Nie pamiętam, ile razy .... z własnym losem.
8. Wreszcie jest ładna pogoda. Może dlatego właśnie Adam .... parę godzin na ławce w parku.

3

Proszę uzupełnić poniższe zdania odpowiednimi czasownikami (*chodzić, nieść się, lać, jechać, pisać, prowadzić, wieść, budować*).

1. Przepraszam bardzo, jestem niewidomy! Czy ktoś z państwa mógłby mnie .... na drugą stronę ulicy?
2. Dzisiaj jestem tak zajęty, że nie mam kiedy się z tobą spotkać. Czy możemy .... nasze spotkanie na jutro?
3. Już od piętnastu minut lejesz wodę do wanny. Sprawdź lepiej, czy się przypadkiem nie ....
4. Państwo Kowalscy mieszkali całe życie w dużym mieście. Ale rok temu .... na wieś.
5. Nie jesteś dobrym kierowcą. Właśnie .... skrzyżowanie na czerwonym świetle.
6. List jest w zasadzie gotowy, ale pełno w nim poprawek i skreśleń. Będzie lepiej, jeśli ty go teraz .... na czysto.
7. Ty masz taki duży samochód. Czy możesz .... moje meble i kwiaty do nowego mieszkania?
8. Anna była jedynym świadkiem tego tragicznego wypadku samochodowego. Jej samej mało nie .... rozpędzony autobus.
9. Na chodniku przed sklepem leży jakiś mężczyzna. Nie wiem dlaczego wszyscy .... obok niego obojętnie.
10. Ten most jest wąski i zawsze zatłoczony. W zasadzie należałoby go szybko i gruntownie ....

4

Proszę uzupełnić poniższe zdania odpowiednimi czasownikami (*prosić, pytać, rwać, widzieć, ziębić, solić, słyszeć, sadzić*).

1. Nie nosisz ani szalika, ani czapki. To oczywiste, że musiałeś się wcześniej czy później ....
2. Moje wczorajsze zachowanie nie było najlepsze. Dlatego chciałbym cię za nie dzisiaj ....
3. Adam nie był aktywnym studentem. Dlatego w czasie egzaminu profesor .... go bardzo szczegółowo.
4. Pytasz, dlaczego nie jem twojej zupy. Odpowiedź jest prosta. Bardzo ją ....
5. Wszystkich denerwuje, że tak głośno i brzydko gwiżdżesz. Czy mógłbyś wreszcie .... ?
6. Ten kwiat ma za małą doniczkę. Jeśli chcesz, żeby szybko urósł, musisz go .... do większej.

7. Wróżby i horoskopy traktuję jak zabawę. Nie sądzę, by mogły one .... naszą przyszłość.
8. Skąd takie wulgarne słowa w ustach pana inżyniera? To jest niemożliwe! Chyba się ....

5

Proszę wyjaśnić znaczenie poniższych zwrotów i określeń.

1. Przestawić się na nocny tryb życia.
2. Przejrzeć kogoś.
3. Przejrzeć na oczy.
4. Przeliczyć się z siłami.
5. Przegrać z własnym losem.
6. Przejechać na czerwonym świetle.
7. Przepisać list (tekst) na czysto.
8. Przechodzić obok czegoś (kogoś) obojętnie.

6

Poniższe zdania proszę uzupełnić odpowiednimi prefiksami czasownikowymi.

1.
– Czy chcesz .... pić się kawy?
– Tak, chętnie .... piję coś ciepłego.

2.
– Czy chcesz .... palić papierosa?
– Nie, dziękuję, przed chwilą jednego .... paliłam.

3.
– Może .... jemy razem kolację?
– Ja już .... jadłem się u mojej mamy.

4.
– Czy .... piszemy list do Anny?
– Dobrze, ale nie .... pisujmy się na kilka stron.
– Tylko że właśnie .... pisał się mój długopis.

5.
– Czy pójdziemy gdzieś .... tańczyć?
– Pod warunkiem, że .... tańczysz ze mną tango argentyńskie.

6.
– Proszę, ... słuchaj przez chwilę tej melodii.
– Nie, tutaj jest za głośno, żeby się w nią .... słuchać.

7.
– Czy .... mówisz się ze mną w tej nowej restauracji?
– To zależy od tego, co .... mówisz tam do jedzenia.
– Daj się .... mówić, to zobaczysz.
8.
– Może .... siądziemy do tego autobusu?
– Tak, a później .... siądziemy się do innego.
9.
– Czy Adam jeszcze nie .... jechał?
– Nie, ale .... jedzie do nas za pół godziny.

Czasowniki z prefiksem *prze-*

* **wyrażają:**
– działanie trwające od początku do końca (**prze**trwać, **prze**siedzieć)
– działanie służące zmianie miejsca (**prze**sypać, **prze**wieźć)
– działanie służące gruntownej analizie obiektu (**prze**badać, **prze**myśleć)
– działanie służące zmianie kształtu lub położenia (**prze**łożyć, **prze**kształcić)
– działanie ponowne, powtórzone (**prze**malować, **prze**drukować)
– działanie powodujące stratę (**prze**hulać, **prze**gapić)
– działanie zmierzające do porównania obiektów (**prze**rosnąć, **prze**wyższyć)
– działanie nadmierne (**prze**solić, **prze**ciążyć)
– działanie wybiegające w przyszłość (**prze**widzieć, **prze**powiedzieć)
– ruch bez określonego celu (**prze**spacerować się, **prze**jechać się)
– przebycie jakiegoś odcinka, dystansu (**prze**lecieć, **prze**płynąć)
– działanie doprowadzające obiekt do pewnego stadium lub do końca (**prze**czytać, **prze**liczyć)
– działanie, które ustało (**prze**brzmieć, **prze**minąć)

Kogo Ci przypominam? 24

Czy kogoś Ci przypominam? No, śmiało! Przypatrz mi się dobrze. Nie przyleciałem przecież z księżyca. Nie przypłynąłem zza oceanu, ani nawet nie przyjechałem z innego kraju. Przyszedłem tutaj piechotą. I przyprowadziłem moich bliskich. Jeśli dobrze nam się przysłuchujesz, to już wiesz, że mówimy po polsku.

Ta kobieta, która nieśmiało przytrzymuje mnie za ramię, to Anna. Dwadzieścia pięć lat temu to właśnie ona przysłoniła mi cały świat. Teraz chętnie przypomina mi o tym fakcie. Sam nie wiem, co wtedy przyszło mi do głowy. Nie przypuszczam, że był to zdrowy rozsądek.

Za moimi plecami przyczaił się Roman, nasz syn. On zawsze przychodzi na ostatnią chwilę. Prosiłem go, żeby przystrzygł trochę włosy. Ale czy on mnie słucha?

Atrakcyjna blondynka, która przytula do piersi małe dziecko, to nasza synowa Krystyna. A tuż obok niej stoi mężczyzna, który przygryza wąsy – to nasz drugi syn Czesław. On właśnie przywiózł tutaj te niegrzeczne dzieci. Ja już przyzwyczaiłem się do ich zachowania. W końcu to moje wnuki. Przysparzają nam wielu zmartwień, ale i przynoszą wiele radości. Jak to dzieci.

Przyznaję, że miałem na dzisiejsze spotkanie z Tobą przygotować specjalne przemówienie. W planach był też tradycyjny bigos. Ale Anna oczywiście go przypaliła. Muszę więc przywitać Cię nieco skromniej. Będzie nam bardzo miło, jeśli przyłączysz się do nas. Nie wiem, czy ta informacja do czegoś Ci się przyda, ale musisz wiedzieć, że jesteśmy bardzo gościnni. Dlatego przychodź do nas, kiedy tylko chcesz.

Czy już przypomniałeś sobie, skąd mnie znasz? Jestem w każdym podręczniku do nauki języka polskiego dla cudzoziemców. To ja, Kowalski – statystyczny Polak.

ĆWICZENIA

1

Proszę odpowiedzieć na pytania dotyczące tekstu.

1. Jak liczna jest rodzina pana Kowalskiego?
2. Czy Krystyna jest córką państwa Kowalskich?
3. Od jak dawna pan Kowalski jest żonaty?
4. Co wiemy o talencie kulinarnym pani Kowalskiej?
5. Jaki jest stosunek pana Kowalskiego do małych dzieci?
6. Który z synów pana Kowalskiego nosi długie włosy?
7. Jak zachowują się wnuki pana Kowalskiego?
8. Czy Roman Kowalski jest człowiekiem punktualnym?
9. Co na dzisiejsze spotkanie przygotowali państwo Kowalscy?
10. Do kogo zwraca się pan Kowalski?

2

Proszę uzupełnić poniższe zdania odpowiednimi czasownikami (*iść, być, szyć, prowadzić, kleić, sunąć, nieść, lecieć, chodzić, biec, jechać*).

1. W powietrzu od kilku dni czuje się wiosnę. Podobno nawet bociany już do nas ....
2. Chciałbym zapytać, czy ten ogromny samolot, który właśnie ląduje, ... z Frankfurtu nad Menem?
3. Nie czekaj na mnie wieczorem. Dziś do ciebie .... nie mogę.
4. Widzę, że remontujesz mieszkanie. Co zrobisz z tymi brudnymi ścianami? Pomalujesz je czy .... tapetę?
5. Pan Kowalski od lat kolekcjonuje stare militaria. Ostatnio .... mu kilka nowych eksponatów.
6. Siedzisz tak daleko, że nie słyszysz nawet, o czym rozmawiamy. Dlaczego nie chcesz .... się do nas?
7. Jeśli idziesz do biblioteki wypożyczyć książki, to .... proszę i dla mnie coś do czytania.
8. Pamiętam, że kiedy byłem małym dzieckiem, w wigilijny wieczór .... do mnie i mojej siostry Święty Mikołaj.
9. Mój pies jest doskonale wytresowany i posłuszny. Dlatego .... do mnie na każde zawołanie.
10. Oczywiście, że możesz przyjść do nas dzisiaj wieczorem na imprezę. Ale koniecznie .... ze sobą swoją siostrę.

11. Czekamy na ciebie od godziny. Mogłeś przecież być choć raz punktualny i .... taksówką.
12. Mamo, oderwał mi się guzik od koszuli. Czy możesz szybko ....
.... mi drugi?

3

Proszę uzupełnić poniższe zdania odpowiednimi czasownikami (*trzymać, ciskać, pudrować, słuchać, służyć, uczyć, palić, gotować, patrzeć*).

1. To dzisiejsze spotkanie z szefem jest dla mnie bardzo ważne. Potrzebuję trochę czasu, żeby się do niego ....
2. Wyglądasz pięknie, ale błyszczy ci się trochę nos. Chyba musisz go jeszcze ....
3. Czy mógłbyś .... przez chwilę moją torbę, bo muszę założyć sweter?
4. Zaćmienie słońca jest tak rzadkim i fascynującym zjawiskiem, że koniecznie musicie mu się jutro ....
5. Wieczorem przed snem zawsze całuję kilka razy twoją fotografię, a później .... ją mocno do piersi.
6. Już od pewnego czasu z uwagą ....
.... się waszej rozmowie i nie mam pojęcia, o co wam chodzi.
7. Jestem chory i muszę leżeć w łóżku. Dlatego jeśli zrobisz dla mnie zakupy, to bardzo mi się tym ....
8. Adam nie jest z wykształcenia fryzjerem. Do tego zawodu ....
.... się obserwując innych.
9. Jeśli masz zapałki lub zapalniczkę, to proszę ....
.... mi papierosa.

4

Proszę uzupełnić poniższe zdania odpowiednimi czasownikami (*mawiać, jechać, gotować, prószyć, tknąć, witać, trzeć, podobać*).

1. Po chorobie jestem jeszcze ciągle osłabiony i senny. Dlatego nie mogę dzisiaj do ciebie ....
2. Jeśli chcecie, to możemy spotkać się w klubie na balu sylwestrowym i razem .... Nowy Rok.
3. Wszystkim nam zależy na dobrych stosunkach z nowym szefem. Ale ty za wszelką cenę starasz się mu ....
4. Nie chciałbym się znowu ....
......., ale już od dawna nie zapraszałaś mnie do siebie na kolację.

5. Adam jest arogancki i zarozumiały. Trzeba mu wreszcie kiedyś .... nosa.
6. Ten klej działa natychmiast. Wystarczy tylko na chwilę .... do siebie sklejane elementy.
7. Przecież nie jestem jeszcze taki stary, a czas już zdążył .... moje skronie.
8. Jutro są moje imieniny. Chyba muszę .... do tego moją żonę.

5

Proszę wyjaśnić znaczenie poniższych zwrotów i określeń.

1. Przysłonić komuś cały świat.
2. Coś przyszło mi do głowy.
3. Zdrowy rozsądek.
4. Statystyczny Polak.
5. Przymawiać się o coś.
6. Przytrzeć komuś nosa.
7. Przypodobać się za wszelką cenę.
8. Czas przyprószył mi skronie.

6

Poniższe zdania proszę uzupełnić odpowiednimi prefiksami czasownikowymi.

1. Ten obraz bardzo mi się podoba. Nie mogę się na niego ..... patrzeć.
2. Lekcja była długa i nudna. Nie mogliśmy .... czekać się jej końca.
3. Nie mam pojęcia, gdzie tu w okolicy jest apteka. Chyba będę musiał o to kogoś .... pytać.
4. Miałem spotkać się z Adamem o siódmej rano. Ale oczywiście trochę .... spałem i .... szedłem na spotkanie mocno spóźniony.
5. Jedziesz tak wolno, że chyba nigdy nie ....jedziemy do Gdańska. Czy nie możesz chociaż trochę .... spieszyć?
6. To za dużo pracy jak na jeden dzień. Chyba .... kończymy to jutro.
7. W moim nudnym życiu niestety nie ...... nosi się na żadne zmiany.
8. Kolejka do kasy kinowej była bardzo długa. Ja niestety już nie .... stałem biletów na najbliższy seans.

9. Ty najlepiej wiesz, jakie mam problemy z matematyką. Może znowu .... możesz mi .... wiązać kilka zadań?
10. Wszyscy widzieli cię wczoraj wieczorem w kawiarni z Anną. Więc nie .... przeczysz, że tam byłeś.
11. Adam to taki sympatyczny chłopiec. A ty go nie lubisz. Chyba się na nim jeszcze nie .... znałeś.
12. Widzę, że jesteś zmęczona. Może chcesz .... pić się mocnej kawy?
13. W tym momencie nie wiemy co zrobić. Ale może z czasem .... jdzie nam do głowy jakieś sensowne rozwiązanie.
14. Wszystkie miejsca na wycieczkę są już .... rezerwowane. Mogę jedynie .... mieścić pana na liście rezerwowej.

Czasowniki z prefiksem *przy-*

* **wyrażają:**

– działanie zmierzające do całkowitego połączenia, zbliżenia obiektów (**przy**kleić, **przy**lecieć)
– działanie mające częściowy efekt (**przy**sunąć, **przy**ciszyć)
– działanie zmierzające do całkowitego osiągnięcia celu przestrzennego (**przy**dźwigać, **przy**taszczyć)
– działanie towarzyszące innej czynności (**przy**klaskiwać, **przy**grywać)

25 Nie rozdzierajmy szat

Ostatnio trochę się rozleniwiłem. Jeżeli rozejrzycie się po moim domu, łatwo to rozpoznacie. A to wszystko dlatego, że rozstałem się z Martą. Już nie umieliśmy ze sobą rozmawiać. I kiedy teraz o tym rozmyślam, to rozumiem, że musieliśmy się rozejść. Nie będę z tego powodu rozdzierał szat. Ona zawsze doskonale umiała mnie rozzłościć. Rozgniewać do granic wytrzymałości. To przez nią rozpaliłem się i rozpiłem. Nie chcę rozwijać tego bolesnego tematu, ale już dawno należało ten nieudany związek rozerwać. Teraz nie wiem, jak mam rozmrozić lodówkę. Nie mam pojęcia, jak nie rozgotować ziemniaków, tak żeby się nie rozpadły. Do tego nie mogę czasem rozpoznać samego siebie, kiedy patrzę w lustro. Ale za to mogę się rozluźnić. Mogę rozwijać się towarzysko i intelektualnie.

Mam czas, by na nowo rozsmakować się w dobrej literaturze i muzyce. Nikt mi nie rozkazuje. Z drugiej jednak strony nikogo nie interesuje fakt, że dwa dni temu rozbolał mnie ząb i że w konsekwencji rozchoruję się na dobre. Może trochę się rozklejam, ale przecież lubiłem patrzeć, jak zawsze wieczorem Marta rozczesywała swoje piękne włosy. Lubiłem, kiedy dom rozbrzmiewał jej śmiechem. Zbyt wielu problemów nie potrafiliśmy jednak rozwiązać. Może za bardzo ją rozpieszczałem. Roztaczałem przed nią nierealne plany. I chyba nadmiernie rozbudowałem materialną sferę naszego życia. Ale się rozgadałem! A tu już prawie jedenasta. Czas rozpocząć nowy dzień.

ĆWICZENIA

1

Proszę odpowiedzieć na pytania dotyczące tekstu.

1. Czy Zbyszek, bohater opowiadania, mieszka samotnie?
2. Jak często Zbyszek sprząta swoje mieszkanie?
3. Co stało się ostatnio między Zbyszkiem a Martą?
4. Czy Marta denerwowała Zbyszka?
5. Czy Zbyszek pali papierosy?
6. Czy Zbyszek stroni od alkoholu?
7. Czym pasjonuje się Zbyszek?
8. Jakie problemy zdrowotne ma Zbyszek?
9. Czy Zbyszek wstaje wcześnie rano?
10. Czy Zbyszek tęskni za Martą?

2

Proszę uzupełnić poniższe zdania odpowiednimi czasownikami (*nosić, biec, lać, chodzić, jechać, lecieć, topić, stać*).

1. Wakacje trwają od przeszło dwóch tygodni. Wszyscy moi znajomi dawno się już .... po kraju i zagranicy.
2. Dzieci ulepiły pięknego bałwana. Mróz nie trwał jednak długo. I nasz śniegowy kolega szybko się im ....
3. Pan Woźniak jest listonoszem i od wielu lat .... listy i przesyłki pocztowe.
4. Adam i Anna spędzili ze sobą cały wieczór. A mimo to, kiedy nadeszła północ, trudno się im było ....
5. To był drewniany i prowizoryczny budynek. Nic dziwnego, że pod wpływem tak gwałtownej wichury po prostu się ....
6. Kiedy dzieci wysiadły wreszcie z autobusu i zobaczyły przed sobą piękną łąkę, natychmiast się po niej ....
7. Rzeka wzbierała od tygodnia, aż wreszcie woda .... się po całej okolicy.
8. Proszę państwa, nasze zebranie jeszcze trwa! Proszę więc jeszcze się nie ....!

3

Proszę uzupełnić poniższe zdania odpowiednimi czasownikami (*kupić, dać, wiązać, myśleć, rwać, bić, mnożyć, budować, szerzyć, chorować*).

1. Jeszcze rok temu w tym sklepie sprzedawano wyłącznie zabawki. Teraz właściciel .... ofertę o ubrania dla dzieci.
2. Cietrzewie to dziś bardzo rzadki gatunek ptaków. Ornitolodzy zastanawiają się, co zrobić, by je ....
3. Nowa książka Adama okazała się strzałem w dziesiątkę. Cały jej nakład czytelnicy .... w kilka dni.
4. Dzisiaj Adam jest już znanym i uznanym pisarzem. Na targach książki miał swoje stanowisko, przy którym .... autografy.
5. Tydzień chodziłem z katarem, kaszlem i gorączką do pracy. A efekt tego jest taki, że się .... na dobre.
6. To w istocie trudna i kłopotliwa sytuacja. Ale przecież nie ma takich problemów, których nie dałoby się ....
7. Adam w ciągu jednego miesiąca stracił pracę, Annę i chęć do życia. Teraz całymi dniami siedzi w pustym mieszkaniu i ....
8. Podczas jazdy na rowerze Anna zaczepiła końcem spódnicy o łańcuch i niestety .... ją.
9. Kiedy trzydzieści lat temu wyjeżdżałem z mojego rodzinnego miasteczka, nie przypuszczałem, że ono tak szybko się ....
10. Talerz nagle wypadł mi z rąk. I .... się na tysiąc kawałków.

4

Proszę uzupełnić poniższe zdania odpowiednimi czasownikami (*widnieć, jaśnieć, promienieć, kochać, wodzić, myć, nosić, gadać, grzać, rwać*).

1. Cały czas tylko pracujemy i pracujemy. Może pójdziemy gdzieś się trochę .... ?
2. Trudno powiedzieć, czy Adam wracał do domu późno, czy wcześnie. Bo właśnie kończyła się noc i niebo zaczęło się ....
3. Matematyka stanowi dla mnie duży problem. Dopiero po pół roku nauki z profesorem zaczęło mi się trochę .... w głowie.
4. Zebranie trwało tak długo, bo pan dyrektor jak zwykle się ....

5. Koncert był nudny aż do momentu, kiedy na scenie pojawił się Janek. On zawsze potrafi .... każdą publiczność.
6. Znam dobrze Annę. Ta kobieta ma chyba tylko jeden cel w życiu: .... w sobie każdego mężczyznę i śmiać się z jego słabości.
7. Na widok Joanny nawet posępną twarz pana dyrektora natychmiast .... uśmiech.
8. Tak czy inaczej musisz nauczyć się mojego języka. I nie ma się tu nad czym specjalnie ....
9. Dzieci przez pół dnia robiły piękne rysunki kolorową kredą na asfalcie. Ale wieczorem spadł deszcz i szybko je ....
10. Zbliżają się wybory, więc w całym kraju zaczęto rozklejać plakaty i .... ulotki informujące o kandydatach na posłów i senatorów.

5

Proszę wyjaśnić znaczenie poniższych zwrotów i określeń.

1. Rozdzierać szaty.
2. Rozszerzyć ofertę.
3. Strzał w dziesiątkę.
4. Rozchorować się na dobre.
5. Stracić chęć do życia.
6. Iść się gdzieś rozerwać.
7. Rozgrzać publiczność.
8. Jego twarz rozpromienił uśmiech.

6

Poniższe zdania proszę uzupełnić odpowiednimi czasownikami (*przyjąć, podjąć, pojąć, zająć, nająć, objąć, wyjąć, odjąć, przejąć, ująć*).

1. Anna początkowo nie lubiła Adama. Ale on ciągle kupował jej kwiaty i tym właśnie zdołał ją ....
2. Mam brudne ręce. Czy mógłbyś .... z mojej kieszeni papierosy?
3. Zamiast gapić się w sufit, lepiej spróbuj .... się czymś ciekawym.
4. Adam trzy razy próbował umówić się z Anną. Dzisiaj chce .... czwartą próbę.
5. Mam dla ciebie bardzo niedobrą wiadomość, więc spróbuj .... ją ze spokojem.

6. To dosyć proste ćwiczenie gramatyczne, a ty siedzisz nad nim już pół godziny. Czy tak trudno .... ci, o co w nim chodzi?
7. Adam ma sporą plantację truskawek. W sezonie musiał .... kilka osób do ich zbierania.
8. Kiedy Adam spróbował w czasie spaceru .... Annę ramieniem, ta zdecydowanie zaprotestowała.
9. Od dziesięciu .... dziewięć, równa się jeden.
10. Wiem, że moja sytuacja jest niemal beznadziejna. Ale jakoś nie potrafię się tym ....

Czasowniki z prefiksem *roz-*

* **wyrażają:**

– działanie w różnych kierunkach (**roz**jechać się, **roz**nieść)
– działanie destrukcyjne (**roz**bić, **roz**kruszyć)
– działanie likwidujące pewną sytuację (**roz**wiązać, **roz**wikłać)
– działanie wyczerpujące jakiś zasób, zbiór (**roz**dać, **roz**ładować)
– działanie nasilające się (**roz**chorować się, **roz**złościć)
– działanie zwiększające zasięg (**roz**budować, **roz**szerzyć)
– działanie początkowe (**roz**płakać się, **roz**kwitnąć)

Nie będę udawał **26**

– Panie profesorze, czy udzieli Pan wywiadu dla naszej gazety akademickiej?
– Chętnie! Proszę usiąść! A o czym chcecie państwo usłyszeć?
– Interesują nas oczywiście prowadzone przez Pana badania.
– Obecnie próbuję udoskonalić mój preparat, który efektywnie uzdatnia wodę.
– Czy od dawna Pan nad tym pracuje?
– Właśnie upływa trzeci rok.
– I co przez ten czas udało się Panu uzyskać?
– Już wiele! Mój preparat umożliwia rzecz najważniejszą.
– To znaczy?
– To znaczy szybkie uzyskiwanie krystalicznie czystej wody.
– Czyli takiej, w której możemy nie tylko coś uprać, ale i umyć się i ugotować zupę?
– Tak, to woda do picia.

– Więc utrzymuje Pan, że korzystając z niej nikt nie uczuli się? Jesteśmy społeczeństwem alergików.
– Oczywiście, że nie!
– Kiedy usłyszymy o Pańskich badaniach w mediach?
– Nie utrzymuję ich przecież w tajemnicy. Chętnie umówię się na konferencję prasową. Nie będę udawał, że mi na tym nie zależy.
– Mamy nadzieję, że ten wywiad rozpowszechni Pańską pracę.
– I ja upatruję w nim początku popularności. Świat jest dzisiaj ukierunkowany ekologicznie. A ja chcę przecież uratować jego część. Nie umiem patrzeć bezczynnie, jak umierają nasze lasy i łąki. Zresztą polskie instytuty badawcze powinny uczestniczyć w tego typu działaniach. Bo tak jak inni, my też możemy wiele utracić.
– A co najbardziej utrudniało Pańskie badania?
– Najtrudniej było ustalić właściwy skład chemiczny. Ale z tym już jakoś się uporałem. Chociaż dosyć długo nie wiedziałem, jak ugryźć ten problem.
– Co Pan planuje robić później, Panie profesorze?
– Kiedy ukończę już badania, umówię się wreszcie z własną żoną na wspaniałą kolację. Następnie upiję się w gronie kolegów, którzy ze mną współpracowali. I oczywiście urwę się z moim synem na kilka dni w góry. Ach! Uśmiecham się na samą myśl o tym.

ĆWICZENIA

1

Proszę odpowiedzieć na pytania dotyczące tekstu.

1. Czym zajmuje się zawodowo profesor Wodecki, bohater opowiadania?
2. Kto prosi profesora o rozmowę?
3. Jakie zalety ma preparat, nad którym pracuje profesor?
4. Dlaczego badania profesora są ważne dla alergików?
5. Czy badaniami profesora zainteresowały się już media?
6. Jaki jest stosunek profesora do zagadnień ekologicznych?
7. Czy profesorowi zależy na popularności?
8. Jakie trudności musiał pokonywać profesor w trakcie swoich badań?
9. Co profesor chciałby robić po zakończeniu badań?
10. Czy to, co robi profesor Wodecki, jest ważne?

2

Proszę uzupełnić poniższe zdania odpowiednimi czasownikami (*gotować, prać, myć, czesać, prosić, sunąć, iść, karać*).

1. Anna będzie dzisiaj z Adamem w operze. Teraz siedzi u fryzjera, bo chce się ładnie .... na tę okazję.
2. Będę miał wieczorem gości z Krakowa. Spróbuję .... dla nich coś smacznego na kolację.
3. Adam jechał rzeczywiście za szybko. Dlatego policjant .... go mandatem.
4. Chodzisz w tej koszuli już trzeci dzień. Czy nie myślisz, że najwyższy czas ją .... ?
5. Wiem, że jesteś głodny. Ale zanim siądziesz do stołu, idź, proszę, do łazienki i starannie .... ręce!
6. Uczniowie chcieli iść dzisiaj na spacer po Warszawie. Ale nauczycielka nie dała się ....
7. Ten wypadek samochodowy, w którym uczestniczył Adam, był bardzo niebezpieczny. Dobrze, że .... z niego z życiem.
8. Całkowity brak pieniędzy jest jedyną przeszkodą w realizacji moich planów życiowych. Niestety, nie wiem, jak ją ....

3

Proszę uzupełnić poniższe zdania odpowiednimi czasownikami (*robić, szyć, stać, śmiać się, bawić, tonąć, żyć, kochać, patrzeć*).

1. To, że masz w domu maszynę do szycia, wcale jeszcze nie świadczy o tym, że potrafisz .... sukienkę czy spodnie.
2. Jak długo potrafisz z zamkniętymi oczami .... na jednej nodze?
3. Twoi rodzice nie lubią mnie. Czy potrafisz .... ich, by zgodzili się na nasz ślub?
4. Wykonuję zawód, który jest trudny, nie przynosi dochodów i powoduje stresy. Ale co mam zrobić, skoro go ....?
5. Byliśmy wczoraj na świetnej komedii w teatrze. Naprawdę można było się ....
6. W sklepie było kilkadziesiąt lalek. Ale mała Ania .... sobie właśnie tę.
7. Tomek zawsze bardzo ładnie pachnie. Wszystkie panie w biurze zastanawiają się, jakiej on .... wody po goleniu.
8. Dawno nie widzieliśmy tak wesołego i śmiesznego filmu. Wszyscy w kinie .... do łez.
9. Tego dnia morze było wyjątkowo zimne i niespokojne. Gdyby nie to, że Paweł pływa tak doskonale, pewnie by ....

4

Proszę uzupełnić poniższe zdania odpowiednimi czasownikami (*być, dać, tyć, kroić, snąć, leżeć, siedzieć, zbierać, szanować, wierzyć*).

1. Mariusz jest po prostu gruby. Wydaje mi się, że przez ostatnie pół roku on jeszcze bardziej ....
2. Nie mogłem wieczorem ...., mimo że byłem bardzo zmęczony i senny.
3. Od kiedy Robert spotyka się z Zofią, zachowuje się tak, jakby .... mu kilka lat.
4. To piękne, ale i drogie meble. Potrzebujemy trochę czasu, żeby .... tyle pieniędzy na ich zakup.
5. Od ośmiu dni Stefan przebywa w szpitalu i nudzi się. Już nie może .... w łóżku.
6. Kiedy głośno krytykujemy naszych polityków, oni najczęściej ...., że tego nie słyszą.
7. Zjadłem już dwa kawałki tego wyśmienitego tortu. Nie będę jednak protestować, jeśli .... mi jeszcze jeden.

8. Po trzech godzinach nudnego zebrania Jan nie wiedział, jak ma .... na twardym krześle.
9. To nasza tradycja narodowa. Nawet jeśli dzisiaj nie do końca jest zrozumiała, to przecież chcemy ją ....
10. Nie chodzę do wróżek, bo nie chcę wiedzieć, co mnie czeka. Boję się też, że mógłbym .... w ich przepowiednie.

5

Proszę wyjaśnić znaczenie poniższych zwrotów i określeń.

1. Upływa kolejny rok.
2. Uporać się z czymś.
3. Ugryźć jakiś problem.
4. Urwać się na kilka dni.
5. Uśmiechać się na samą myśl o czymś.
6. Krystalicznie czysta woda.
7. Ujść z życiem.
8. Ubawić się do łez.

6

Poniższe zdania proszę uzupełnić odpowiednimi czasownikami (*przeglądać, oglądać, przyglądać, wyglądać, zaglądać, doglądać, podglądać*).

1. Adam nawet kiedy idzie na spacer z Anną, ... się za innymi kobietami.
2. Anna właśnie .... ciekawy program telewizyjny, kiedy zadzwonił telefon.
3. Zepsuł mi się samochód. I .... na to, że pojadę do pracy rowerem.
4. Adam nie jest u nas częstym gościem. Znacznie częściej .... do nas Anna.
5. Afrodyta była tak piękna, że wszyscy mężczyźni chcieli .... ją w kąpieli.
6. Dlaczego dzieci same bawią się w ogrodzie? Czy nikt z dorosłych ich nie ....?
7. Anna nie zawsze chodzi do sklepów, żeby coś kupić. Ona lubi w nich być i .... się.
8. Wszyscy ciężko pracowaliśmy, tylko Adam siedział bezczynnie na ławce i .... się nam.
9. Wytłumacz mi, jak długo można .... się w lustrze?

Czasowniki z prefiksem *u-*

* **wyrażają:**

– działanie wykonane mimo przeszkód (**u**siedzieć, **u**stać)
– działanie o zwiększonej intensywności (**u**robić się, **u**bawić się)
– działanie w nieokreślonym kierunku i stopniu (**u**lecieć, **u**jść)
– działanie zmniejszające obiekt lub częściowo zmieniające jego stan (**u**pić, **u**palić)
– działanie doprowadzające do ostatecznego skutku, efektu (**u**prasować, **u**gotować)
– działanie usuwające obiekt (**u**prowadzić, **u**sunąć)
– działanie doprowadzające do zamierzonego efektu (**u**spokoić, **u**śpić)

27 Wciągający zawód

Jestem architektem. Ten zawód wciągnął mnie wiele lat temu. Włożyłem w niego całe moje serce i umiejętności. Już jako student wczytywałem się w trudną literaturę fachową. I z pasją wpatrywałem w skomplikowane rysunki techniczne i projekty. A nocami wbijałem sobie do głowy wzory matematyczne i wiedzę teoretyczną. Teraz wcielam w życie własne pomysły. Próbuję wdrożyć nowe technologie. A do tego wszystkiego kocham moje miasto. Wsłuchuję się w jego rytm. Obserwuję, jak rośnie i wchłania nowe tereny. I tam, gdzie tylko jest miejsce, wbudowuję nowoczesne obiekty. I nie ukrywam, że czasem wpadam na całkiem dobre rozwiązania. Kiedyś ktoś pewnie wpisze i moje nazwisko do tutejszych kronik.

Zawsze, kiedy wstaję rano, kiedy wkładam pośpiesznie ubranie, kiedy wsiadam do samochodu, kiedy wchodzę do biura – zawsze wtedy czuję się potrzebny. Może nie mam zbyt wiele wolnego czasu. Rzadko wpadam do znajomych. Ale takie jest już moje życie. Wracam późno z pracy. Wślizguję się cicho do domu, żeby nie obudzić żony i dzieci. I pragnę już tylko wtulić się w miękką poduszkę i wsunąć bezszelestnie pod kołdrę. Pewnie czasem wzdycham za innym życiem, ale... Wstrząsam się na samą myśl, że miałbym coś zmienić. Przecież w firmie współpracuję z najlepszymi specjalistami. I nawet wżeniłem się w rodzinę z architektonicznymi tradycjami. Moim dzieciom też staram się wpajać miłość do tego pięknego zawodu. Zawodu, w którym trzeba tak wiele umieć, i projektować, i budować, i wbijać gwoździe.

ĆWICZENIA

1

Proszę odpowiedzieć na pytania dotyczące tekstu.

1. Kiedy pan Przybyszewski, bohater opowiadania, zdecydował, że zostanie architektem?
2. Ile czasu pan Przybyszewski poświęcał nauce przyszłego zawodu?
3. Jaki jest stosunek pana Przybyszewskiego do rodzinnego miasta?
4. Jak wyglądają poranki pana Przybyszewskiego?
5. Czy pan Przybyszewski chciałby przejść do historii swojego miasta?
6. Jak wygląda życie towarzyskie pana Przybyszewskiego?
7. O jakiej porze pan Przybyszewski wraca najczęściej do domu?
8. Jakie zmiany chciałby pan Przybyszewski wprowadzić do swojego życia?
9. Co wiemy o rodzinnych tradycjach żony Przybyszewskiego?
10. Czy pan Przybyszewski chce, żeby jego dzieci też zostały architektami?

2

Proszę uzupełnić poniższe zdania odpowiednimi czasownikami (*iść, jechać, biec, lać, płynąć, siadać, stać, lecieć*).

1. Tym autobusem nie dojedziesz do uniwersytetu. Lepiej do niego nie . . . .
2. Pierwszy raz do naszego portu . . . . tak piękny i duży żaglowiec.
3. Przepraszam, że się spóźniłem. Ale czy mimo to mogę . . . . do środka?
4. Popatrz tylko, jaki wspaniały i kolorowy motyl . . . . do naszego pokoju przez okno.
5. Widzę, że boisz się . . . . tym dużym samochodem do garażu. Może ja spróbuję.
6. Sędzia musiał przerwać mecz piłkarski, ponieważ nagle na boisko . . . . duży, sympatyczny pies.
7. Nie wiem, co Adam . . . . mi do kieliszka. Ale wiem, że bardzo mi to smakuje.
8. Kiedy skończył się spektakl, wszyscy ludzie na widowni . . . . z miejsc i długo bili brawo.

3

Proszę uzupełnić poniższe zdania odpowiednimi czasownikami (*paść, pisać, kręcić, czytać, pchnąć, celować, czuć, dać, drapać, prosić*).

1. Witold od dawna zajmuje się wspinaczką wysokogórską. Jutro spróbuje .... się na ten szczyt.
2. To wszystko, o czym mówiłem, jest napisane w tej książce. Wystarczy tylko uważnie .... się w tekst.
3. Adam niespodziewanie zakochał się w Annie. Wszyscy mówią, że ten stary kawaler .... po uszy.
4. Anna pierwszy raz w życiu strzelała z łuku. A mimo to .... w sam środek jabłka leżącego na głowie Adama.
5. Zaprosiłem wszystkich kolegów do restauracji. Ale Adam, którego nie lubię, ... się sam.
6. Spóźniliśmy się tylko dlatego, że Adam .... się niepotrzebnie w dyskusję z naszym absorbującym sąsiadem.
7. Adam nie zagrał w tym spektaklu roli Romea, bo nie potrafił się w nią .... Za to Anna była świetną Julią.
8. Zajęcia u profesora Nowaka zaczynają się od tego, że każdy student musi osobiście .... się na listę obecności.
9. Adam był zdenerwowany przed egzaminem i bał się wejść do gabinetu profesora. Anna musiała go tam ....
10. Nagle zgasła lampa i zrobiło się całkiem ciemno. Adam szybko jednak .... nową żarówkę.

4

Proszę uzupełnić poniższe zdania odpowiednimi czasownikami (*poić, mówić, trzeć, sadzić, grać, słuchać, skoczyć, robić*).

1. Pół dnia Maria szukała portfela. Oczywiście zapomniała, że wczoraj .... go do szuflady w biurku Romana.
2. Po całym dniu pracy Michał marzy tylko o tym, żeby .... do wanny z ciepłą wodą.
3. Janusz ma niewzruszone zasady moralne, które .... w niego rodzice.
4. Zawsze po goleniu Marian .... w skórę krem z witaminami.
5. Czy chcesz, żebym .... ci do komputera ten nowy program?
6. Wszyscy poszli do domów. Tylko Paweł został po godzinach w pracy. On zawsze da się w coś ....

7. Jesteś źle ubrana jak na taką mroźną pogodę. Więc nie próbuj mi ...., że się nie przeziębisz.
8. Jeśli pan dobrze .... się w tę melodię, szybko odnajdzie pan w niej motywy barokowe.

5

Proszę wyjaśnić znaczenie poniższych zwrotów i określeń.

1. Wkładać w coś całe serce.
2. Wbijać sobie coś do głowy.
3. Wcielać coś w życie.
4. Wślizgiwać się cichcem.
5. Wstrząsać się na samą myśl.
6. Wpaść po uszy.
7. Wdać się w dyskusję.
8. Wczuć się w rolę.
9. Dać się w coś wrobić.
10. Wpoić w kogoś jakieś zasady.

6

Poniższe zdania proszę uzupełnić odpowiednimi prefiksami czasownikowymi.

1. Pan Kowalski brał udział w tym wypadku samochodowym. Ale to nie on .... nosi za niego odpowiedzialność.
2. Bardzo was przepraszam za moje wczorajsze zachowanie. Byłem zdenerwowany i trochę mnie .... niosło.
3. Jest piękna pogoda, dobre jedzenie i wygodne łóżko. Wszystko wskazuje na to, że .... nosi się na wspaniały urlop.
4. Nagle zaczął wiać silny wiatr i niebo .... niosło się niemal czarnymi chmurami.
5. Wiem, że wiele kobiet płacze oglądając takie ckliwe filmy jak ten. Ale ty wręcz .... nosisz się od płaczu.
6. Dobre wychowanie powinno .... nosić się z domu.
7. Wszyscy mamy cię dosyć! Więc .... noś się stąd i nigdy więcej nie wracaj!
8. Cała należność za remont pańskiego mieszkania .... nosi nieco więcej niż pierwotnie ustaliliśmy.
9. Stryjek Ludwik nie jest zbyt sympatyczny. Ale to w końcu stary człowiek i powinniśmy .... nosić się do niego z większym szacunkiem.

10. Kiedy będziesz .... nosił książki do biblioteki, to proszę zabierz też moje.
11. Te krytyczne uwagi .... noszą się do was wszystkich.
12. Fakty, o których .... nosi dzisiejsza prasa, są wręcz sensacyjne.
13. Projekt jest właściwie gotowy. Adam .... nosi na niego ostatnie poprawki.
14. Dosłownie przed chwilą skończyłem zamiatać podłogę, a wy już zdążyliście .... nosić tyle błota.
15. Kiedy na zebraniu personel .... nosi kwestię podwyżki płac, pan dyrektor zawsze wtedy zmienia temat.
16. To, co pan powiedział jest bardzo interesujące, ale nie .... nosi niczego nowego do naszych rozważań.
17. Anna dostała od męża nowe piękne futro, w którym .... nosi się po całym mieście bez względu na pogodę.
18. Jesteś niesympatyczny i arogancki. Nie musimy więc dłużej .... nosić twojego towarzystwa.
19. Adam wcale cię nie obraził. Więc zupełnie niepotrzebnie .... nosisz się ambicją.
20. To był sekret! Wiadomość przeznaczona wyłącznie dla ciebie. Nie powinnaś .... nosić jej po wszystkich znajomych.
21. Mam dwóch wspaniałych synów. Żaden z nich nie .... nosi mi nigdy wstydu.

Czasowniki z prefiksem *w-*, *we-*

*** wyrażają:**

– ruch do wewnątrz obiektu (**w**jechać, **w**lecieć)
– działanie włączające obiekt do jakiejś całości (**w**pisać, **w**kleić)
– działanie o zwiększonej intensywności (**w**patrywać się, **w**słuchać się)

Mężczyzna, który wybucha 28

– Co? Nie możesz ze mną wytrzymać? Dlaczego? To nieprawda, że jestem nerwowy. Wcale nie wybucham z byle powodu. Oczywiście, że nie lubię, kiedy wyprawiasz przyjęcia dla swoich głupawych przyjaciół. Najchętniej wychodzę wtedy z domu. Dlaczego wychodzę? Bo nie mogę wyjechać. Nie wypada! A swoją drogą, Heleno – gdzie ty wyszukujesz takich ludzi? Czy oni muszą zawsze wypić cały mój alkohol? Czy muszą wypalić mi wszystkie kubańskie cygara? A ty jeszcze wymagasz, żebym wymyślał dla nich jakieś interesujące zabawy. Proszę bardzo! Niech wyskakują przez okno. Wynajmujemy mieszkanie na ósmym piętrze. To byłoby nawet zabawne. Nie myślisz naturalnie o tym, że ja powinienem się wyspać. A przynajmniej trochę wypocząć. Bo to w końcu ja wychodzę rano do pracy. Ja muszę wysprzątać całe mieszkanie. I ja wysłuchuję protestów naszych sąsiadów. Ty za to wylegujesz się pół dnia w łóżku. Wydzwaniasz godzinami do znajomych. Ja ci tego nie wypominam. Staram się tylko wyliczyć, ile to wszystko kosztuje. To mnie kiedyś finansowo wykończy. Wytłumacz mi, proszę, dlaczego ciągle zapraszasz tego kretyna Zdzisława? Wiem, że on jest poetą. A raczej wydaje mu się, że nim jest. Tylko że z tych jego wierszy jakoś nie mogę nic sensownego wyczytać. Z nich po prostu nic nie wynika. Kiedy pojawia się Zdzisław, ty musisz wystroić się i wymalować jak na bal sylwestrowy. A twoje zachowanie! Wygłupiasz się jak nastolatka. Już nie wspomnę, że wystawiasz nas przez to na pośmiewisko. Nie jesteś już nastolatką, Heleno. Dawno powinnaś z tego wyrosnąć. Nie wygłaszam żadnych morałów. Twoje zachowanie wydaje mi się jednak niestosowne. Pytasz, dlaczego tyle o tym mówię? Ponieważ muszę się wygadać. Inaczej nie wytrzymam! Ty nie wyobrażasz sobie nawet, jak wyglądam, kiedy jestem zdenerwowany.

ĆWICZENIA

1

Proszę odpowiedzieć na pytania dotyczące tekstu.

1. Czy Grzegorz, bohater opowiadania, ma łagodne usposobienie?
2. Co Grzegorz myśli o znajomych Heleny?
3. Czy Helena często zaprasza przyjaciół?
4. Na jakie straty narażają Grzegorza goście Heleny?
5. Jak wygląda zwykły dzień Grzegorza, a jak Heleny?
6. Czy Grzegorz i Helena są bardzo zaprzyjaźnieni z sąsiadami?
7. Co Grzegorz myśli o poetyckim talencie Zdzisława?
8. Czy Helena ma więcej niż osiemnaście lat?
9. Czy Helena daje Grzegorzowi powody do zazdrości?
10. Dlaczego Grzegorz jest zdenerwowany?

2

Proszę uzupełnić poniższe zdania odpowiednimi czasownikami (*biec, rzucać, płynąć, rwać, ciągać, suszyć, spać, pisać*).

1. Lubię czytać do późna w nocy. To jednak nie pozwala mi dobrze się .... , więc często chodzę do pracy zmęczony.
2. Kiedy zaczął padać ulewny deszcz, my nie mieliśmy przy sobie parasola. Teraz musimy szybko .... mokre ubrania.
3. Artur był bardzo spóźniony i .... rano z domu bez śniadania. Chyba nawet nie zdążył się ogolić.
4. Dentysta powiedział mi, że tego chorego zęba już nie można uratować i niestety trzeba go ....
5. Tadeusz nie tylko nie czyta listów od Zosi, ale nawet .... je do śmieci nie otwierając.
6. Notowałem wszystko, co mówił na wykładzie pan profesor. Aż .... mi się długopis. Na szczęście miałem drugi.
7. Przemek dopiero w tym roku zrealizował swoje wielkie marzenie i.................................. w samotny rejs po Bałtyku.
8. To prawda, że widziałaś mnie wczoraj w kawiarni z żoną naszego szefa. Ale nie chciałbyś chyba .... z tego zbyt pochopnych wniosków.

3

Proszę uzupełnić poniższe zdania odpowiednimi czasownikami (*prosić, lizać, truć, trwać, rzeźbić, mówić, kończyć, grać, płakać, leczyć*).

1. Kasia jest chora na grypę, a mimo to chodzi do pracy. Postępując w ten sposób nigdy jej nie ....
2. Pan Adamiec jest doskonałym szachistą. Już od kilku lat nikomu z nas nie udało się z nim ....
3. Pan zachowuje się niegrzecznie i prowokująco. Jeśli natychmiast pan się nie uspokoi, będziemy musieli .... pana za drzwi.
4. Pies był tak głodny, że nie tylko zjadł wszystko, co dostał, ale jeszcze bardzo dokładnie .... cały talerz.
5. Kiedy Wiesław ożenił się z Marią, Anna była zrozpaczona. Myśleliśmy wtedy, że z żalu .... sobie oczy.
6. Dlaczego dajesz nam do jedzenia tę starą zupę grzybową? Czy chcesz nas wszystkich ....?
7. Trzy lata Bogusław budował swój dom. Trwało to długo, ale wczoraj wreszcie .... ostatnie piętro.
8. Marek stał na deszczu bez parasola i czekał na Agatę. I ...., mimo że kazała czekać na siebie prawie dwie godziny.
9. Łucja doskonale wie, że Teodor kocha ją od wielu lat. Nigdy jednak nie .... przy niej tego magicznego słowa.
10. Czy to możliwe, żeby tak mały chłopiec potrafił .... tak piękną figurkę z drewna?

4

Proszę uzupełnić poniższe zdania odpowiednimi czasownikami (*palić, pić, słuchać, brać, myśleć, dać, gospodarować, gadać, produkować*).

1. Tomasz jest atrakcyjnym i inteligentnym mężczyzną. Interesuje się nim wiele pięknych kobiet, ale on żadnej jeszcze nie ....
2. Jeśli pani .... jeszcze jednego papierosa w moim samochodzie, to nigdy więcej pani do niego nie wsiądzie.
3. To mała fabryka, ale właśnie w niej .... najnowocześniejsze modele mebli ogrodowych.
4. To prawda, że dzisiaj jestem wyjątkowo zajęty. Dla ciebie jednak zawsze .... trochę wolnego czasu.
5. Babcia poszła wczoraj z koleżankami do kilku nowych sklepów i oczywiście .... wszystkie nasze pieniądze.

6. Tylko nie mów mi, że nie spotkasz się ze mną, bo nagle zachorowała twoja babcia. Lepiej .... coś innego.
7. Kupiliśmy sobie z żoną piękny domek za miastem. To miał być nasz sekret, ale ona oczywiście .... wszystko swojej mamie.
8. Cały ten wieczór piłem alkohol. Zastanawiam się, co będzie, jeśli ... . jeszcze jeden kieliszek.
9. Kto .... panu zezwolenie na budowę domu w środku lasu?
10. .... może tego, co mam ci do powiedzenia. A później rób sobie, co chcesz.

5

Proszę wyjaśnić znaczenie poniższych zwrotów i określeń.

1. Wybuchać z byle powodu.
2. Wykończyć się finansowo.
3. Wystawić kogoś na pośmiewisko.
4. Wyrywać sobie włosy z głowy.
5. Wypłakać sobie oczy.
6. Wyciągać z czegoś pochopne wnioski.

6

Poniższe zdania proszę uzupełnić odpowiednimi czasownikami (*dolegać, nalegać, polegać, podlegać, ulegać, przylegać, zalegać, wylegać*)

1. Już nigdy więcej do was nie przyjdę. I proszę nie ....
2. To jest moja ostateczna decyzja, która nie .... dyskusji.
3. Mam problemy finansowe. Od trzech miesięcy .... z opłatami za telefon i mieszkanie.
4. Ty zawsze chcesz o wszystkim decydować. Nie chcę i nie mogę już dłużej ci ....
5. Zawiodłaś mnie i rozczarowałaś tyle razy, że nie będę więcej na tobie ....
6. W czasie wojny nasz dziadek .... na froncie we Włoszech.
7. Niby nie mam ani gorączki, ani nic mnie nie boli, ale coś mi jednak ....
8. Przykleiłeś tapetę do brudnej ściany. Teraz dziwisz się, że źle do niej ....

9. Zrobiło się ciepło i na puste do tej pory plaże ....
.... tysiące spragnionych słońca turystów.
10. W wyniku gwałtownych wiatrów kilka domów w naszym mieście
.... zniszczeniu.

Czasowniki z prefiksem *wy-*

* **wyrażają:**

– działanie na zewnątrz, oddalające od obiektu (**wy**biec, **wy**rzucić)
– działanie na powierzchni obiektu (**wy**tapetować, **wy**myć)
– wykonanie obiektu (**wy**rzeźbić, **wy**budować)
– działanie bardzo staranne, dokładne (**wy**strzyc, **wy**golić)
– działanie skierowane na wszystkie obiekty (**wy**mordować, **wy**truć)
– odnalezienie obiektu (**wy**patrzyć, **wy**szperać)
– działanie zużywające obiekt (**wy**palić, **wy**kończyć)
– działanie realizujące całkowicie cel (**wy**budować, **wy**grać)
– działanie powodujące przesyt, nasycenie (**wy**szumieć się, **wy**spać się)

29 Już tutaj zostanę

Może to dziwne, ale spędziłem na tej ławce kilka ładnych lat. Codziennie rano zlatują się do mnie ptaki z najdalszych zakątków parku. Zjadają łapczywie okruchy chleba prosto z mojej ręki. Gdy tylko któryś z nich zobaczy, że już jestem, natychmiast głośnym ćwierkaniem zwołuje swoich towarzyszy. Zżyłem się z nimi tak bardzo, żc nie mógłbym już teraz ich zostawić. Dzisiaj nikt by tego nie zgadł, że kiedyś było inaczej. Przecież ja zjeździłem pół świata. Zdarłem niejedne buty i zniszczyłem niejedno ubranie. Zwiedziłem wiele pięknych i tajemniczych miejsc. Ale też i zrobiłem wiele niemądrych rzeczy. Może dlatego, że bardzo chciałem coś znaleźć i coś zrozumieć. Nie zrealizowałem tego. Ale i nie zrezygnowałem z niczego. Znalazłem tylko to miejsce. Prawdę mówiąc, trochę się zestarzałem. Zwracam uwagę na inne wartości. Nie zniechęcam się tak szybko jak kiedyś. Wiem, że to nie ja zmienię ten świat. Nie ja go zbawię. Niech zrobią to inni.

Ja jedynie zbuduję jeszcze kilka domów dla moich skrzydlatych przyjaciół. Nie chcę, żeby zmarzły, kiedy zrobi się zimno. Nie pozwolę też, żeby zgłodniały. One nie mogą zniknąć z naszego otoczenia. Może kogoś zbulwersuje moje życie. Może ktoś powie, że zwariowałem na stare lata, że zdegradowałem się społecznie, a nawet zdegenerowałem. Trudno! Zdecydowałem, że chcę tak właśnie żyć. Zmęczyła mnie i znudziła ta szara codzienność. A przecież nie zawsze da się ją zignorować. Ja już tak bardzo zrosłem się z tym miejscem, że chyba tutaj zostanę.

ĆWICZENIA

1

Proszę odpowiedzieć na pytania dotyczące tekstu.

1. Od jak dawna Jerzy, bohater opowiadania, przychodzi do parku?
2. Czym zajmuje się Jerzy, kiedy jest w parku?
3. Jaki jest stosunek Jerzego do zwierząt?
4. Czy Jerzy kiedyś podróżował?
5. Czy w swoim życiu Jerzy zrealizował cele, które sobie kiedyś wyznaczył?
6. Czy Jerzy jest człowiekiem, któremu nie powiodło się w życiu?
7. Jak Jerzy zabezpiecza ptaki przed nadejściem zimy?
8. Czy Jerzy jest pracowity?
9. Czy Jerzy jest samotny?
10. Co myślisz o „sposobie na życie" Jerzego?

2

Proszę uzupełnić poniższe zdania odpowiednimi czasownikami (*szyć, bić, łączyć, jeść, robić, myć, gubić, dziwić*).

1. Jeszcze dzisiaj rano miałem nowy parasol. Teraz nie mogę go znaleźć. To już trzeci, który w tym miesiącu ....
2. Twój syn jest niegrzeczny i arogancki. Może powinieneś jeden raz w życiu .... go na kwaśne jabłko.
3. Bardzo chciałbym .... z tobą kolację w jakiejś przytulnej i niedrogiej restauracji.
4. Jeśli twoja najlepsza sukienka jest rozdarta, to dlaczego nie próbujesz jej sama .... ?
5. Dokładnie pięćdziesiąt lat temu moich dziadków .... węzeł małżeński.
6. Mieliśmy tak dużo gości na kolacji, że potrzebowałem aż pół godziny, żeby .... po nich wszystkie talerze i szklanki.
7. Adam nie widział Anny od kilku lat. Dlatego bardzo się ...., kiedy wczoraj nagle do niego zatelefonowała.
8. Jestem głodny i zmęczony. Czy mogłabyś .... coś do jedzenia?

3

Proszę uzupełnić poniższe zdania odpowiednimi czasownikami (*jechać, iść, lecieć, biec, frunąć, wrócić, jeździć, biegać, chodzić, wracać*).

1. Ewa ma zawsze za krótkie spódniczki i za wysokie obcasy. Ona bardzo lubi w ten sposób .... na siebie uwagę mężczyzn.
2. Andrzej znalazł w parku bardzo sympatycznego psa. Dlatego z żalem .... go właścicielom.
3. Kiedy Anna idzie z koleżankami do sklepu, zawsze .... jej na tym kilka godzin.
4. Michał jest fantastą i marzycielem. Rzadko udaje mu się .... z obłoków na ziemię.
5. Kiedyś w grudniu Janek jeździł po Warszawie w poszukiwaniu białego bzu dla Joli. Kupił go, ale .... całe miasto.
6. Aleksander jest początkującym narciarzem. Ale nie chciał kompromitować się przed Beatą i .... z tej stromej góry.
7. Pamiętaj, że mieszkam na trzecim piętrze i nie będę .... na każde twoje zawołanie na parter.
8. Z tego więzienia jeszcze nigdy nikt nie uciekł. Do wczoraj! Bo właśnie wczoraj .... z niego groźny przestępca.
9. Konrad długo studiował, później ożenił się, zbudował dom i kilka razy zmieniał pracę. I tak .... mu kilka lat życia.
10. Anioł miał wspaniałe śnieżnobiałe skrzydła.................... .... do nas prosto z nieba. I tak skończył się ten film.

4

Proszę uzupełnić poniższe zdania czasownikami z prefiksem *z-*/*s-* (*chować, bywać, budować, wariować, łamać, kończyć, golić, pisać, marnować, mówić*).

1. To był dobry i intrygujący film. Nawet .... się zupełnie inaczej niż przypuszczaliśmy.
2. Justyna nie lubi zarośniętych mężczyzn. To specjalnie dla niej Mieczysław .... swoją wspaniałą brodę i wąsy.
3. Nie mam gdzie mieszkać, nie mam pracy i nie mam pieniędzy. Czy wszystko .... się przeciwko mnie?
4. Już tydzień temu siostra .... gdzieś kluczyki do samochodu. Do tej pory szuka ich cała rodzina.
5. Bronisław jest pechowcem. Miał wiele wspaniałych okazji w życiu. Niestety wszystkie je ....

6. Zawsze, kiedy Leon telefonuje do Lidki i proponuje spotkanie, ona .... go pod byle pozorem.
7. Mirosław był nieprzygotowany do tego egzaminu. Dlatego prawie wszystkie odpowiedzi .... od sąsiada.
8. Żeby rozwiązać komunikacyjne problemy w Warszawie, musimy szybko .... jeszcze trzy mosty.
9. Już pięć razy pożyczałem naszym sąsiadom pieniądze. Musiałbym ...., żeby zrobić to jeszcze raz.
10. Adam nie jest pierwszym mężczyzną, któremu Anna .... serce.

5

Proszę wyjaśnić znaczenie poniższych zwrotów i określeń.

1. Zjeździć pół świata.
2. Zbawić świat.
3. Skrzydlaci przyjaciele.
4. Szara codzienność.
5. Zrosnąć się z jakimś miejscem.
6. Zbić kogoś na kwaśne jabłko.
7. Złączyć węzłem małżeńskim.
8. Schodzi na to kilka godzin.
9. Zejść z obłoków na ziemię.
10. Wszystko zmówiło się przeciwko mnie.
11. Złamać komuś serce.

6

Poniższe zdania proszę uzupełnić odpowiednimi prefiksami czasownikowymi.

1. .... byliśmy długą i trudną drogę, żeby tu trafić.
2. Adam znów przyjechał tylko na dwa dni. Dlaczego on nigdy nie może .... być z nami dłużej?
3. Ty ciągle ogryzasz paznokcie. Powinnaś .... zbyć się tego tak bezsensownego przyzwyczajenia.
4. Anna kupiła w zeszłym roku dwa krzesła. Teraz .... była cały komplet.
5. Nie wiem, dlaczego profesor Kowalski .... był dopiero wczoraj. Przecież konferencja .... była się w zeszłym tygodniu.
6. W trakcie urlopu jem zawsze więcej niż normalnie. Nic więc dziwnego, że .... było mi kilka kilogramów.

7. Czas leci nieubłaganie. Nic ci nie .... będzie z tych lat, które masz.
8. Wiem, że się gniewasz. Ale nie musisz .... bywać mnie pogardliwym milczeniem.
9. Nasi piłkarze grali ambitnie, ale nie udało im się .... dobyć ani jednej bramki.
10. Kup sobie ten nowy szampon, jeśli chcesz .... zbyć się łupieżu.
11. Po roku pracy w banku Adam .... dobył doświadczenie i wiarę we własne siły.

Czasowniki z prefiksem *z-/s-*

* **wyrażają:**

– działania zbliżające, łączące ze sobą obiekty (**z**żyć się, **s**kleić)
– ruch skierowany w dół (**z**jechać, **z**sunąć się)
– działanie usuwające coś z powierzchni (**z**myć, **s**płukać)
– działanie przynoszące złe skutki (**z**niszczyć, **z**użyć)

Dlaczego zapominamy? 30

Dlaczego zapominamy o bajkach? Może dlatego, że stajemy się dorośli. Zaczynamy uczyć się i pracować. Zakładamy własne rodziny. I marzymy już tylko, żeby zajechać własnym samochodem przed własny dom. Pragniemy zamieszkać wygodnie. Zastawić mieszkanie pięknymi meblami. Na ścianach zawiesić gustowne obrazy. Już nie zastanawiamy się nad tym, że za to wszystko musimy zapłacić nie tylko pieniędzmi, ale też naszym czasem, spokojem i zdrowiem. Nie zaglądamy do znajomych. I najchętniej nie zapraszamy nikogo do siebie. A wieczorem, kiedy już zasłonimy okna, zwykle zasiadamy wygodnie przed telewizorem. Patrzymy godzinami na filmy, w których ludzie zabijają się. I wcale nie zalewamy się przy tym łzami. W nocy zasypiamy wiedząc, że następny dzień nie zaskoczy nas niczym nowym. Do bajek zaczynamy wracać dopiero, kiedy czytamy lub opowiadamy je własnym dzieciom. Na nowo zachwycamy się bajkową urodą i prostotą. Chętnie dajemy zabrać się w dalekie kraje, w świat zza siedmiu gór i zza siedmiu rzek. Pozwalamy zaczarować się dobrej wróżce. Możemy wtedy zamieszkać na szczycie lodowej góry lub na moment zabłądzić w lesie pełnym krasnali. Przed naszymi oczami, kiedy tylko chcemy, zakwitają łąki. Zapalają się światła gwiazd. A słońce nigdy nie zachodzi, jeśli sobie tego nie zażyczymy. Aż szkoda, że to tylko bajki. Bajki?

ĆWICZENIA

1

Proszę odpowiedzieć na pytania dotyczące tekstu.

1. Kiedy ludzie zapominają o bajkach?
2. Czy kiedy ludzie dorastają, zmieniają się ich marzenia?
3. Czy realizacja marzeń bywa kosztowna i trudna?
4. O jakich filmach mówi autor tekstu?
5. Czy autor opisuje z optymizmem dorosłe życie?
6. Kiedy najczęściej powracamy do świata bajek?
7. Co najbardziej podoba się nam w bajkach?
8. Czy bajki są przeznaczone wyłącznie dla dzieci?
9. Czy bez bajek świat byłby smutniejszy?
10. Czy ludzie dorośli chętnie uciekają w świat bajek?

2

Proszę uzupełnić poniższe zdania odpowiednimi czasownikami (*kopać, ciąć, hamować, szkodzić, ofiarować, mówić, płakać, przestać*).

1. Śmiecie, które pozostawiamy po sobie w lesie, najlepiej jest .... Oczywiście nie należy ich palić.
2. Międzynarodowa opinia publiczna domaga się, żeby obie walczące strony .... działań wojennych.
3. Nigdy wcześniej nie goliłem się brzytwą. Boję się, że kiedy to zrobię, mogę się ....
4. Na pogrzebie babci Adam miał wilgotne oczy, ale nie .... ani razu.
5. To oczywiste, że rozwój naszej cywilizacji jest procesem ewolucyjnym. I w żaden sposób nie można go ani zatrzymać, ani ....
6. Ja już rano .... stolik na dwie osoby w tej nowej restauracji. A ty teraz mówisz, że nie jesteś głodna.
7. Lucyna jest znakomitą tenisistką. Przerwa na macierzyństwo może bardzo .... jej karierze sportowej.
8. Kiedy Maciek był w trudnej sytuacji materialnej, tylko Marzena bez wahania .... mu swoją pomoc.

3

Proszę uzupełnić poniższe zdania czasownikami z prefiksem *za-* (*boleć, brnąć, błysnąć, pragnąć, chorować, grzebać, budować, rosnąć, słuchać, siedzieć*).

1. Koncert fortepianowy był tak piękny, że wszyscy się .... i zapomnieli o bożym świecie.
2. Kiedy byłem dzieckiem, przy tej ulicy stało jedynie kilka starych domów. Teraz nowi sąsiedzi .... ją do ostatniego metra.
3. Oczywiście, że to mnie .... Przecież spadło mi na głowę duże jabłko.
4. Kiedy Andrzej ...., nie przypuszczaliśmy, że będzie musiał leczyć się w szpitalu.
5. Już na pierwszy rzut oka widać, że od lat nikt nie dbał o ten ogród. Zdążył więc przez ten czas .... chwastami.
6. Myślałem, że będę u cioci tylko kilka minut. Ale jak zwykle się .... i wyszedłem od niej dopiero wieczorem.
7. Darek ostatnio robił same głupie i nieodpowiedzialne rzeczy. Można powiedzieć, że .... w ślepy zaułek.
8. Mój brat zawsze świetnie tańczył i śpiewał. Nic dziwnego, że w końcu .... jako gwiazda studenckiego kabaretu.
9. Najchętniej wyjechałbym z miasta..................................... się gdzieś na pustkowiu. I hodował kwiaty.
10. Witek kupił już swojej żonie wszystko, o czym marzyła. Ma jednak nadzieję, że ona czegoś jeszcze ....

4

Proszę uzupełnić poniższe zdania odpowiednimi czasownikami (*mieszkać, lać, śmiać, gotować, powiedzieć, gapić, brudzić, strzelić, nudzić, ziębić*).

1. Dlaczego twierdzisz, że ten film był komedią? Ja nie .... się ani razu.
2. Urlop? Dwa tygodnie padał deszcz. Myśleliśmy z bratem, że .... się na śmierć.
3. Oni znają się wiele lat. Codziennie się widują i mają wspólne plany. Ale nigdy nie próbowali razem ....
4. Kto .... tak bardzo dywan w pokoju? Przecież wczoraj starannie go odkurzyłem.
5. Tadeusz otworzył butelkę wina tak niefortunnie, że .... sobie całe spodnie.
6. Cezary bardzo kocha i szanuje swoją teściową. Ale bywają momenty, w których miałby ochotę ją ....

7. Bardzo lubimy twoje niespodziewane wizyty, Marku. Byłoby jednak lepiej, gdybyś czasem się . . . .
8. Ewa rozbiła nasz nowy samochód, bo . . . . się na wystawy sklepowe.
9. Nie pójdę z tobą na spacer, bo od trzech dni nie wychodzę z domu. Lekarz powiedział, że się . . . ., jak to zrobię.
10. Nie proszę cię o obiad. Chcę tylko, żebyś, moja droga, ... wodę.

5

Proszę wyjaśnić znaczenie poniższych zwrotów i określeń.

1. Założyć rodzinę.
2. Zalewać się łzami.
3. Za siedmioma górami, za siedmioma rzekami...
4. Zapomnieć o bożym świecie.
5. Zabrnąć w ślepy zaułek.
6. Zabłysnąć jak gwiazda.
7. Zagrzebać się na pustkowiu.
8. Zanudzić się na śmierć.

6

Proszę uzupełnić występujące w tekście czasowniki odpowiednimi prefiksami.

Kochana Mario!

Minęły trzy miesiące od chwili, gdy . . . . .jechałam do Polski. Może . . . . dawać się, że to niewiele, a przecież . . . . darzyło się tyle ciekawych rzeczy i spraw. . . . . znałam tu wiele nowych koleżanek. . . . . przyjaźniłam się z Adamem. On jest Polakiem. . . . . fascynował mnie jego język i sposób bycia. Nie twierdzę, że . . . . kochałam się w nim. Ale i nie mogę . . . . wiedzieć, iż jest mi obojętny. Często . . . . bywamy razem. Dużo ze sobą . . . . mawiamy. Adam jeszcze nie . . . . prosił mnie ani do kina, ani do teatru. On woli . . . . chodzić do mnie do akademika. Czasem . . . . daje mi się, że bywa nieśmiały. Adam . . . . trafi przez godzinę siedzieć w milczeniu. Zawsze jednak . . . . nosi mi kwiaty. Ach! Nie . . . . pisałam Ci najważniejszego. Mój Polak studiuje historię. I można się dużo od niego . . . . wiedzieć.

Jeszcze tylko chciałam Cię .... prosić, że tak długo nie pisałam. To prawda, że nie .... sypałam Cię moimi listami w ostatnim czasie. Następnym razem .... piszę więcej i może .... ślę jakieś zdjęcia.

Całuję Cię! Anna

Czasowniki z prefiksem *za-*

* **wyrażają:**

– działanie zbliżające do obiektu (**za**biec, **za**jechać)
– działanie początkowe (**za**mieszkać, **za**chorować)
– działanie oficjalne (**za**mówić, **za**rezerwować)
– działanie na całą powierzchnię (**za**lać, **za**sypać)
– działanie przygotowawcze (**za**pisać, **za**powiedzieć)
– działanie o negatywnych następstwach (**za**bić, **za**nudzić)
– działanie dające zamierzony skutek (**za**pobiec, **za**hamować)
– działanie przynoszące częściowy skutek (**za**drapać, **za**ciąć)
– działanie przekraczające przyjęte normy (**za**pracowywać się, **za**nudzić)
– umieszczenie czegoś wewnątrz (**za**murować, **za**kopać)
– działanie chwilowe (**za**krzyknąć, **za**protestować)

31 Kiedyś było inaczej

– Pamiętasz, Mario, kiedyś było inaczej.
– Tak, Józefie. Ludzie byli dla siebie sympatyczni. Pomagano sobie chętnie we wszystkim.
– To prawda. Myślano więcej o drugim człowieku.
– A jak wspaniale bawiono się. Tańczono i śpiewano przy każdej okazji.
– Lubiano też czasem wypić coś mocniejszego. Ale rzadko pito tyle alkoholu, co dzisiaj.
– Żyło się nam jakoś lepiej. Pracowało spokojniej i patrzyło na świat z optymizmem.
– Może nie jeździło się tyle po świecie. Jednak po kraju podróżowało się dużo.
– Chętniej zostawało się w domu. Wychowywało się lepiej dzieci i gotowało zdrowsze jedzenie.
– Jedzono bez wątpienia smaczniej. Pamiętasz, jakie kiedyś pieczono ciasta?
– Wszystko, Józefie, robiono lepiej. Budowano większe mieszkania. Pisano ciekawsze książki.
– Było więcej czasu, więc czytano więcej. Chodzono częściej do teatru, opery czy filharmonii.
– Na ulicach widziało się tylu przystojnych mężczyzn.
– Teraz nawet śpi się gorzej.
– Wszystko tak szybko zmienia się.
– Wracajmy do domu, Mario. Zachmurzyło się.

ĆWICZENIA

1

Proszę odpowiedzieć na pytania dotyczące tekstu.

1. Czy teraz ludzie są mniej sympatyczni niż kiedyś?
2. Jak się dawniej bawiono?
3. Czy kiedyś pito więcej alkoholu?
4. Jakie jedzenie gotowano kiedyś?
5. Co robili ludzie, kiedy mieli więcej czasu?
6. Czy dawniej budowano mniejsze mieszkania?

2

Wyrazy w nawiasach proszę podać w odpowiednich formach.

WZÓR: (milczeć) – *milczano*

1. Polska jest krajem, w którym zawsze (kochać) .... narodowe tradycje.
2. Na temat sytuacji politycznej na Bałkanach (napisać) .... ostatnio wiele artykułów.
3. Aż siedem lat (pracować) .... nad projektem tej autostrady.
4. Dawniej nie (myśleć) .... tyle o ekologii.
5. Wczoraj w filharmonii (grać) .... ostatnią symfonię Krzysztofa Pendereckiego.
6. W czasie konferencji (dyskutować) .... na wiele tematów.
7. Nie wiem, dlaczego tak długo (tolerować) .... brutalne zachowanie kibiców sportowych.
8. Polkom (kupować) .... zawsze dużo kwiatów.
9. Nigdy nie (pytać) .... mnie, czy lubię moją pracę.
10. Tak dobrego spektaklu dawno w naszym teatrze nie (wystawiać) ....

3

Wyrazy w nawiasach proszę podać w odpowiednich formach.

WZÓR: (liczyć) – *liczono*

1. W moim domu nigdy nie (mówić)................... o polityce.

2. Już dwa razy (zaprosić) .... mnie na obiad do rodziców Anny.
3. Te wspaniałe tulipany (przywieźć) .... aż z Holandii.
4. Kiedy byłem małym chłopcem, (nosić) .... mnie na rękach.
5. Na balu u pana senatora (tańczyć) .... do rana.
6. O tym, że Mariusz ma zostać dyplomatą, (postanowić) .... już wiele lat temu.
7. W mojej firmie chętnie (zgodzić) .... się na zmiany personalne.
8. Dlaczego nie (zrobić) .... jeszcze nic w tej sprawie.
9. W tym roku (sprzedać) .... w Polsce więcej samochodów niż w zeszłym.
10. Janek jest chory, więc (zabronić) .... mu wychodzenia z domu.

4

Wyrazy w nawiasach proszę podać w odpowiednich formach.
WZÓR: (marznąć) – *marznięto*

1. Już nie pamiętam, kiedy (zacząć) .... budować metro w Warszawie.
2. Przez dwa dni (umyć) .... wszystkie okna w naszym biurze.
3. W czasie imienin Adama (wypić) .... cały zapas wina.
4. W 1922 roku (zabić) .... polskiego prezydenta Gabriela Narutowicza.
5. Te stare kopalnie (zamknąć) .... już pół wieku temu.
6. Termin egzaminu (przesunąć) .... o trzy dni.
7. Amerykę (odkryć) .... zupełnie przypadkowo.
8. Najwięcej biało-czerwonych sztandarów (uszyć) .... w Polsce.

5

Wyrazy w nawiasach proszę podać w odpowiednich formach.
WZÓR: (zmoknąć) – *zmoknięto*

– Pamiętasz, Mario, kiedyś (być) inaczej.
– Tak, Józefie. Ludzie byli dla siebie sympatyczni. (pomagać) sobie chętnie we wszystkim.
– To prawda. (myśleć) więcej o drugim człowieku.
– A jak wspaniale (bawić się). (tańczyć) i (śpiewać) przy każdej okazji.
– (lubić) też czasem wypić coś mocniejszego. Ale rzadko (pić) tyle alkoholu, co dzisiaj.

– (żyć) się nam jakoś lepiej. (pracować) spokojniej i (patrzyć) na świat z optymizmem.
– Może nie (jeździć) się tyle po świecie. Jednak po kraju (podróżować) się dużo.
– Chętniej (zostawać) się w domu. (wychowywać) lepiej dzieci i (gotować) zdrowsze jedzenie.
– (jeść) bez wątpienia smaczniej. Pamiętasz, jakie kiedyś (piec) ciasta?
– Wszystko, Józefie, (robić) lepiej. (budować) większe mieszkania. (pisać) ciekawsze książki.
– (być) więcej czasu, więc (czytać) więcej. (chodzić) częściej do teatru, opery czy filharmonii.
– Na ulicach (widzieć) się tylu przystojnych mężczyzn.
– Teraz nawet (spać) się gorzej.
– Wszystko tak szybko (zmieniać się).
– Wracajmy do domu, Mario. Już późno.

Nieosobowe formy czasownika

* **wyrażają:**

– działanie w czasie przeszłym
– działanie, którego wykonawca jest nieokreślony

* **tworzenie i przykłady:**

– są zakończone na **–no, –ono, –to**
– mają budowę czasownika w stronie czynnej + **się**
– do tematu bezokolicznika zakończonego na **-a, -e** dodajemy końcówkę **-no** (pracow**a**-ć pracowa**no** / myśl**e**-ć myśla**no**), alternacja **e : a**
– do tematu bezokolicznika zakończonego na **-i/-y, -ść, -źć, -c** dodajemy końcówkę **-ono** (baw**i**-ć bawi**ono** / życz**y**-ć życz**ono** / głos**i**-ć głosz**ono** / nieś-ć niesi**ono** / pie-c piecz**ono**), alternacje **ci : c, dzi : dz, si : sz, zi : ż, ści : szcz, ździ : żdż, c : cz**
– do tematu bezokolicznika zakończonego na **-ą, -u** dodajemy końcówkę **-to** (rozstrzyg**ną**-ć roztrzygnię**to** / bić bi**to**), alternacja **-ną- : nię-**
– nieosobowe formy czasownika z zaimkiem zwrotnym **się** tworzy się dodając końcówkę **-ło** do formy 3. osoby liczby pojedynczej czasownika (bawi się bawi**ło** się / czyta się czyta**ło** się)

32 Twój kochający mąż

Ta piękna, zachwycająca i patrząca na mnie kobieta, to moja nowa żona Agnieszka. To najsmaczniej gotująca, najdokładniej sprzątająca i najcierpliwiej czekająca osoba na całym świecie. Wiem, że życie z nią będzie niekończącym się szczęściem. Uwielbiam jej mądre, o nic niepytające spojrzenia. Jej fascynujący uśmiech. Każdy będący w mojej sytuacji mężczyzna mógłby mówić o sukcesie. A to jeszcze nie wszystko. Agnieszka nie jest kobietą niepotrzebnie wydającą pieniądze. Bo jest myśląca. Doskonale rozumiejąca naszą sytuację materialną. Ja oczywiście jestem dobrze zarabiającym lekarzem. Ale i mnie potrzebna była systematycznie oszczędzająca żona. Przy Agnieszce nie martwi mnie ani szybko mijający czas, ani źle życzący mi ludzie.

Nie znaczy to, że jestem człowiekiem niemającym problemów. Denerwuje mnie mieszkająca z nami matka Agnieszki. Ta starzejąca się kobieta chce ciągle mieć decydujący głos we wszystkich sprawach. Za to ojciec Agnieszki jest wspaniały. To człowiek bardzo interesujący i mający szerokie horyzonty. Lubiący jak ja dobry alkohol, boks i świeże pieczywo. Mam jeszcze inne kłopoty, ale żaden z nich nie jest znaczący, kiedy myślę o Agnieszce. A myślę o niej zawsze, jak prawdziwie kochający mąż.

ĆWICZENIA

1

Proszę odpowiedzieć na pytania dotyczące tekstu.

1. Czy Agnieszka jest ładna?
2. Czy Agnieszka jest pierwszą żoną bohatera opowiadania?
3. Jaki uśmiech ma Agnieszka?
4. Czy Agnieszka jest oszczędna?
5. Czy Agnieszka i jej mąż mieszkają razem z rodzicami?
6. Czy mąż Agnieszki jest inżynierem?
7. Czy matka Agnieszki jest młoda?
8. Jaki jest ojciec Agnieszki?
9. Co lubi ojciec Agnieszki?
10. Kiedy bohater opowiadania myśli o Agnieszce?

2

Proszę przekształcić poniższe zdania według wzoru.

WZÓR: Widziałem Adama, kiedy *biegł* do autobusu.
Widziałem *biegnącego* Adama.

1. Znam wszystkich ludzi, którzy tutaj pracują. Znam wszystkich .... tutaj ludzi.
2. To są lokatorzy, którzy mieszkają w tym domu najdłużej. To są najdłużej .... w tym domu lokatorzy.
3. Nie jestem człowiekiem, który lubi pisać listy. Nie jestem człowiekiem .... pisać listy.
4. Fotografowano wszystkich aktorów, którzy brali udział w spektaklu. Fotografowano wszystkich aktorów .... udział w spektaklu.
5. Nigdy nie rozumiałem tych, którzy studiują astronomię. Nigdy nie rozumiałem .... astronomię.
6. Unikam znajomych, którzy palą papierosy. Unikam znajomych .... papierosy.
7. Ania bardzo lubi bajkę o tej królewnie, która śpi. Ania bardzo lubi bajkę o .... królewnie.
8. Adam należy do tych mężczyzn, którzy śpiewają przy goleniu. Adam należy do mężczyzn .... przy goleniu.
9. Papuga to ptak, który mówi. Papuga to .... ptak.
10. Lubię patrzeć na ludzi, którzy tutaj spacerują. Lubię patrzeć na .... tutaj ludzi.

3

Proszę przekształcić według wzoru.

WZÓR: człowiek, który *pali* papierosy – *palący* człowiek

1. czas, który mija – ....
2. tramwaj, który jedzie – ....
3. kwiat, który pachnie – ....
4. drzewo, które rośnie – ....
5. osoby, które rozmawiają – ....
6. książka, która mnie interesuje – ....
7. sytuacja, która mnie denerwuje – ....
8. lampa, która stoi w pokoju – ....

4

Proszę przekształcić według wzoru.

WZÓR: Mężczyzna, który *stoi* przed domem, to nasz sąsiad.
Mężczyzna *stojący* przed domem to nasz sąsiad.

1. Deszcz, który padał wczoraj, był bardzo ciepły. Deszcz .... wczoraj był bardzo ciepły.
2. Muzyk, który tutaj gra na skrzypcach, jest niewidomy. Muzyk .... tutaj na skrzypcach jest niewidomy.
3. Kobiety, które ubierają się w naszym sklepie są zawsze eleganckie. Kobiety .... w naszym sklepie są zawsze eleganckie.
4. Ten obraz, który wisi na ścianie, jest tylko reprodukcją. Ten obraz .... na ścianie jest tylko reprodukcją.
5. Balet, który tańczy dzisiaj w operze, przyjechał z Moskwy. Balet .... dzisiaj w operze przyjechał z Moskwy.
6. Ludzie, którzy oglądają naszą wystawę, chętnie o niej rozmawiają. Ludzie .... naszą wystawę chętnie o niej rozmawiają.
7. Młodzież, która uczy się w tym liceum, nie ma dużo wolnego czasu. Młodzież .... w tym liceum nie ma dużo wolnego czasu.
8. Lekarz, który mnie badał, był bardzo zdenerwowany. Lekarz .... mnie był bardzo zdenerwowany.

5

Wyrazy w nawiasach proszę podać w odpowiednich formach.

WZÓR: (kochać) – *kochający*

Ta piękna, (zachwycać) i (patrzeć) na mnie kobieta, to moja nowa żona Agnieszka. To najsmaczniej (gotować), najdokładniej (sprzątać) i najcierpliwiej (czekać) osoba na całym świecie. Wiem, że życie z nią będzie (nie kończyć się) szczęściem. Uwielbiam jej mądre, o nic (nie pytać) spojrzenia. Jej (fascynować) uśmiech. Każdy (być) w mojej sytuacji mężczyzna mógłby mówić o sukcesie. A to jeszcze nie wszystko. Agnieszka nie jest kobietą niepotrzebnie (wydawać) pieniądze. Bo jest (myśleć). Doskonale (rozumieć) naszą sytuację materialną. Ja oczywiście jestem dobrze (zarabiać) lekarzem. Ale i mnie potrzebna była systematycznie (oszczędzać) żona. Przy Agnieszce nie martwi mnie ani szybko (mijać) czas, ani źle (życzyć) mi ludzie. Nie znaczy to, że jestem człowiekiem (nie mieć) problemów. Denerwuje mnie (mieszkać) z nami matka Agnieszki. Ta (starzeć się) kobieta chce ciągle mieć (decydować) głos we wszystkich sprawach. Za to ojciec Agnieszki jest wspaniały. To człowiek bardzo (interesować) i (mieć) szerokie horyzonty. (lubić) jak ja dobry alkohol, boks i świeże pieczywo. Mam jeszcze inne kłopoty, ale żaden z nich nie jest (znaczyć), kiedy myślę o Agnieszce. A myślę o niej zawsze, jak prawdziwie (kochać) mąż.

Imiesłów przymiotnikowy czynny

* **wyraża:**

- atrybuty rzeczownika (osoby, zwierzęcia, przedmiotu) i spełniane przez niego aktualnie funkcje (**pracujący** człowiek, **lecący** bocian, **stojąca** lampa)

* **tworzenie:**

- jest tworzony od tematu 3. osoby liczby mnogiej czasu teraźniejszego czasowników niedokonanych (grają, bawią się, śpią)
- do tematów tych dodaje się końcówki rodzajowe **-ący, -ąca, -ące** (gra**jący**, bawi**ąca** się, śpi**ące**)

33 Nie jestem zadowolony

Agato! Nie jestem z ciebie zadowolony. Pomyśl tylko. Wracam z pracy zmęczony. A w domu co na mnie czeka? Przypalony obiad. Ty nawet nie wiesz, jak wygląda dobrze zrobiony bigos.

Mój pokój jest od trzech dni niesprzątany. Okna niemyte. Koszule nieprasowane. Rozumiesz więc, że mogę być zdenerwowany. Ja nie wiem, co ty robisz cały dzień. Kiedy dzwonię do ciebie, telefon jest zajęty. Czy tak zachowuje się zakochana kobieta? Przecież masz wszystko. Jesteś dobrze i modnie ubrana. Nawet mieszkanie zostało umeblowane tak, jak chciałaś. Drugi telewizor był kupiony specjalnie dla ciebie. To smutne, ale czuję się oszukany. A nasze dziecko? Stefan ma dopiero trzy lata i już wiadomo, że jest źle wychowany. Widzę, że jesteś zapłakana, ale problem musi być omówiony do końca. Tak dalej być nie może. Ja nie muszę być noszony na rękach ani stale chwalony. Chcę być kochany, szanowany i dobrze karmiony. To wszystko. Smacznego, Agato!

ĆWICZENIA

1

Proszę odpowiedzieć na pytania dotyczące tekstu.

1. Czy Agata dobrze gotuje?
2. Czy Agata często sprząta pokój męża?
3. Jak ubrana jest Agata?
4. Ile telewizorów mają Agata i jej mąż?
5. Ile dzieci ma Agata?
6. Dlaczego mąż Agaty jest zdenerwowany?
7. Dlaczego Agata jest zapłakana?
8. Co Agata robi przez cały dzień?

2

Wyrazy w nawiasach proszę podać w odpowiednich formach.

WZÓR: (zamawiać) – *zamawiany*

1. Anna jest jak zawsze modnie (ubrać) ....
2. Lubię Annę, ale nie jestem w niej (zakochać) ....
3. Pomysł jest dobry, ale nie do końca (przemyśleć) ....
4. Minister mówił do mikrofonu, ponieważ chciał być przez wszystkich (usłyszeć) ....
5. Mam mało włosów i nie mogę być (uczesać) ....
   .... tak jak ty.
6. Nasze dziecko jest (wychowywać).................................
   .... według najnowszych metod pedagogicznych.
7. Poezja Wisławy Szymborskiej jest teraz chętnie (czytać) ....
   ....
8. Życie seksualne pingwinów nie jest jeszcze dobrze (zbadać)
   ....
9. Ten obraz został (namalować) ....
   .... przez Jacka Malczewskiego.
10. Za dwa dni muszę być (przygotować) ....
    .... do egzaminu.
11. Ten problem nigdy nie będzie (rozwiązać)........................
12. Opery Stanisława Moniuszki są w Polsce często (grać) ....
    ....

3

Wyrazy w nawiasach proszę podać w odpowiednich formach.

WZÓR: (przeliczyć) – *przeliczony*

1. Pierwszy film Romana Polańskiego *Nóż w wodzie* był (nakręcić).. w Polsce.
2. O północy przyszedł ostatni (spóźnić się) .... gość.
3. Wczoraj poszedłem na imieniny do Anny, mimo że nie byłem (zaprosić) ....
4. Ponieważ urlop spędziłem w Warszawie, nie jestem ładnie (opalić się) ....
5. Urodzinowy tort Michała był duży i pięknie (ozdobić) ....
....
6. Adam przyszedł do biura spóźniony, ale (ogolić) ....
7. Życie jest piękne, ale nie zawsze jestem z niego (zadowolić) ....
....
8. Ta kura, którą jedliśmy na obiad, była trochę za krótko (piec) ......
....
9. Kiedy Adam słucha muzyki Krzysztofa Pendereckiego, jest zawsze bardzo (zamyślić się) ....
10. W tym hotelu nawet obiad może być (zamówić) ....
.... do pokoju.

4

Wyrazy w nawiasach proszę przekształcić według wzoru.

WZÓR: (tknąć) – *tknięty*

1. Mam dużo problemów, ale próbuję być zawsze (uśmiechnąć się)
....
2. Po wakacjach spędzonych z teściową raczej nie będę (wypocząć)
....
3. Padał ulewny deszcz i Anna wróciła do domu (zmoknąć) ....
....
4. Chcieliśmy wypić jeszcze jedno piwo, ale bar był już (zamknąć)
....
5. Puzon to instrument muzyczny (dąć) ....
6. Włosy (umyć) ....
.... tym szamponem wyglądają zdrowo i pięknie.
7. Adam miał wypadek drogowy. Jego nowy samochód jest kompletnie (rozbić) ....

8. (rozpocząć) . . . . w naszym Instytucie eksperyment będzie trwać prawie dwa lata.
9. Każdy list, który dostałem od ciebie, będzie albo spalony, albo (podrzeć) . . . .
10. Lubię, kiedy w nocy wszystkie okna są (otwierać) . . . .

5

Wyrazy w nawiasach proszę podać w odpowiednich formach.
WZÓR: (kochać) – *kochany*

Agato! Nie jestem z ciebie (zadowolić). Pomyśl tylko. Wracam z pracy (zmęczyć). A w domu co na mnie czeka? (Przypalić) obiad. Ty nawet nie wiesz, jak wygląda dobrze (zrobić) bigos.

Mój pokój jest od trzech dni (nie sprzątać). Okna (nie myć). Koszule (nie prasować). Rozumiesz więc, że mogę być (zdenerwować). Ja nie wiem, co ty robisz cały dzień. Kiedy dzwonię do ciebie, telefon jest (zająć). Czy tak zachowuje się (zakochać) kobieta? Przecież masz wszystko. Jesteś dobrze i modnie (ubrać). Nawet mieszkanie zostało (umeblować) tak, jak ty chciałaś. Drugi telewizor był (kupić) specjalnie dla ciebie.

To smutne, ale czuję się (oszukać). A nasze dziecko? Stefan ma dopiero trzy lata i już wiadomo, że jest źle (wychować). Widzę, że jesteś (zapłakać), ale problem musi być (omówić) do końca. Tak dalej być nie może. Ja nie muszę być (nosić) na rękach ani stale (chwalić). Chcę być (kochać), (szanować) i dobrze (karmić). To wszystko. Smacznego, Agato.

Imiesłów przymiotnikowy bierny

*** wyraża:**

– atrybuty rzeczownika (osoby, zwierzęcia, przedmiotu) w stronie biernej (**lubiany** artysta, **chwalony** pies, **myty** samochód)

*** tworzenie:**

– jest tworzony od czasowników przechodnich (tranzytywnych) niedokonanych i dokonanych (czytać, przeczytać, pisać, napisać)
– do tematu bezokoliczników tych czasowników dodaje się przyrostki **-ny (-na, -ne), -ony (-ona, -one), -ty (-ta, -te)**
– do tematów bezokoliczników zakończonych na **-a, -e** dodajemy przyrostek **-ny** (koch**a**-ć koch**any** / słysz**e**-ć słysz**any**), alternacja **e : a**
– do tematów bezokoliczników zakończonych na **-i/-y, -ść, -źć, -c** doda-

jemy przyrostek **-ony** (strac**i**-ć strac**ony** / wytycz**y**-ć wytycz**ony** / nie-**ść** nies**iony** / wie-**źć** wiez**iony** / pie-**c** piecz**ony**), alternacje **d : dzi, k : cz, z : zi**

– do tematów bezokoliczników zakończonych samogłoską nosową **-ą** (zmokn**ą**ć), półsamogłoską **-j** (typu: szyć – szy**j**ę, tyć – ty**j**ę) oraz czasowników grupy spółgłoskowej (trzeć) dodajemy przyrostek **-ty** (zmoknię**ty**, szy**ta**, tar**te**), alternacje **ą : ę, -ną- : -nię-**

Zapominając o wszystkim 34

Czekając na transmisję meczu piłkarskiego jestem zawsze trochę zdenerwowany. Spacerując po pokoju i spoglądając na zegarek, emocjonuję się jeszcze bardziej. Myślę wtedy, pijąc piwo i paląc papierosy, że życie kibica sportowego nie jest łatwe. Włączywszy jednak telewizor i uspokoiwszy się trochę myślę już tylko o piłce nożnej.

Siadając przed ekranem, zapominam o wszystkim. A zapomniawszy, jestem po prostu szczęśliwy. Śmiejąc się i krzycząc, reaguję spontanicznie na to, co dzieje się na boisku. Zobaczywszy ulubionych graczy klubu Legia Warszawa, staję się jednym z nich. Mając takich kolegów czuję się doskonale.

Widząc jednak, jak dzisiaj grają, stresuję się. Zarabiając tak dużo pieniędzy, powinni być najlepsi. Zaczynam rozumieć, że kibicując im robię błąd. Zrozumiawszy to, tracę cierpliwość. A straciwszy ją, zaczynam być impulsywny.

Wstając zaciskam pięści. Kopiąc mocno telewizor, manifestuję swoje niezadowolenie.

Nie czekając na wynik meczu wychodzę z domu. Ale znalazłszy się na ulicy przypominam sobie, że jest późna jesień i pada śnieg. Wracając więc szybko myślę o piłkarzach, którzy zmarnowali mój czas i mój telewizor.

ĆWICZENIA

1

Proszę odpowiedzieć na pytania dotyczące tekstu.

1. Jakim sportem interesuje się Wojtek, bohater opowiadania?
2. Czy Wojtek jest sportowcem?
3. Na co czeka Wojtek spacerując po pokoju?
4. Kiedy Wojtek jest szczęśliwy?
5. Czy Wojtek jest piłkarzem Legii Warszawa?
6. Czy piłkarze zarabiają dużo pieniędzy?
7. Kiedy Wojtek zaczyna być impulsywny?
8. Jak Wojtek manifestuje swoje niezadowolenie?
9. Jaki był wynik meczu?
10. Kto zepsuł telewizor Wojtka?

2

Wyrazy w nawiasach proszę podać w odpowiednich formach.
WZÓR: (myśleć) – *myśląc*

1. (pisać)............. list do Marty, nie zapomnij pozdrowić Janka.
2. (golić się)............................... nigdy nie śpiewam.
3. (czytać)............................... w wannie tracisz wzrok.
4. (czesać się)............................... patrzę w lustro.
5. (palić) .... papierosy rezygnuję ze zdrowia.
6. (myśleć)........................... o tobie jestem szczęśliwy.
7. (grać)............................... w bingo liczę na sukces.
8. (wracać)....................... do domu spotkałem Adama.
9. (czekać)................ na Annę, myślę o jej niepunktualności.
10. (spać)...................... w pociągu nie odpoczywam dobrze.
11. (zdawać).................. ten egzamin nie denerwowałem się.
12. (iść).................... na spacer zabieram ze sobą psa i parasol.

3

Wyrazy w nawiasach proszę podać w odpowiednich formach.
WZÓR: (przywieźć) – *przywiózłszy*

1. (umyć się)............................... poszedłem spać.
2. (podpisać)............ te dokumenty stałem się właścicielem firmy.

3. (skończyć)........................ pracę poszedłem po zakupy.
4. (spojrzeć)........................ na mnie Anna uśmiechnęła się.
5. (zrobić).................... samodzielnie obiad straciłem apetyt.
6. (kupić)................ Annie samochód zostałem bez pieniędzy.
7. (usłyszeć)............. tę melodię przypomniałem sobie wakacje.
8. (zamknąć)................... drzwi i okna czuję się bezpiecznie.

4

Proszę przekształcić według wzoru.

WZÓR: *Kiedy cię spotkałem,* ucieszyłem się.
Spotkawszy cię, ucieszyłem się.

1. Kiedy tu przyjechałem, czułem się źle i samotnie.
   ....
2. Kiedy przylecisz do Warszawy, musisz mnie odwiedzić.
   ....
3. Kiedy wreszcie gdzieś usiądziemy, porozmawiamy spokojnie.
   ....
4. Kiedy obudzisz się, zadzwoń do mnie.
   ....
5. Kiedy wyśpisz się, zacznij robić śniadanie.
   ....
6. Kiedy umeblujesz mieszkanie, będziesz miała mniej wolnego miejsca.
   ....

5

Proszę przekształcić według wzoru.

WZÓR: *Kiedy czytam* poezję, odpoczywam.
Czytając poezję odpoczywam.

1. Kiedy będziesz w sklepie, kup piwo.
   ....
2. Jak zostaniesz ojcem, będziesz miał dużo pracy i radości.
   ....
3. Jak przestaniesz pracować, będziesz się nudził.
   ....
4. Kiedy pomożesz mi, będziesz czuł się potrzebny.
   ....

6

Wyrazy w nawiasach proszę podać w odpowiednich formach.
WZÓR: (zapominać) – *zapominając* lub (zagrać) – *zagrawszy*

(czekać) na transmisję meczu piłkarskiego jestem zawsze trochę zdenerwowany. (spacerować) po pokoju i (spoglądać) na zegarek, emocjonuję się jeszcze bardziej. Myślę wtedy, (pić) piwo i (palić) papierosy, że życie kibica sportowego nie jest łatwe. (włączyć) jednak telewizor i (uspokoić się) trochę myślę już tylko o piłce nożnej. (siadać) przed ekranem, zapominam o wszystkim. A (zapominać) jestem po prostu szczęśliwy. (śmiać się) i (krzyczeć), reaguję spontanicznie na to, co dzieje się na boisku. (zobaczyć) ulubionych graczy klubu Legia Warszawa, staję się jednym z nich. (mieć) takich kolegów czuję się doskonale.

(widzieć) jednak, jak dzisiaj grają, stresuję się. (zarabiać) tak duże pieniądze, powinni być najlepsi. Zaczynam rozumieć, że (kibicować) im robię błąd. (zrozumieć) to, tracę nadzieję. A (stracić) ją, zaczynam być impulsywny. (wstać) zaciskam pięści. (kopać) mocno telewizor, manifestuję swoje niezadowolenie. Nie (czekać) na wynik meczu wychodzę z domu. Ale (znaleźć się) na ulicy przypominam sobie, że jest zima i pada śnieg. (wracać) więc szybko myślę o piłkarzach, którzy zmarnowali mój czas i telewizor.

Imiesłowy przysłówkowe

*** imiesłów przysłówkowy współczesny:**

- tworzy się od tematu 3. osoby liczby mnogiej czasu teraźniejszego czasowników niedokonanych (śpi-ą, kochaj-ą)
- do tematu dodaje się przyrostek **-ąc** (śpi**ąc**, kochaj**ąc**)
- występuje tu alternacja **s : sz, dzi : dz** (pisać – pi**sz**ąc/wi**dzi**eć – wi**dz**ąc)
- imiesłów przysłówkowy współczesny określa czynność równoczesną z inną czynnością, wyrażoną w zdaniu przez czasownik w formie osobowej

*** imiesłów przysłówkowy uprzedni:**

- tworzy się od tematu 3. osoby liczby pojedynczej rodzaju męskiego czasu przeszłego czasowników dokonanych (przeczyta-ł, przyniós-ł)
- do tematu dodaje się przyrostek **-wszy** w tematach zakończonych samogłoską lub **-łszy** w tematach zakończonych spółgłoską (przeczyta**wszy**, przyniós**łszy**)
- imiesłów przysłówkowy uprzedni określa czynność wcześniejszą od czynności wyrażonej w zdaniu przez czasownik w formie osobowej

35 Zawracanie głowy

Wiem, że palenie papierosów bardzo mi szkodzi. Picie alkoholu też nie jest dobrym pomysłem. A ciągłe siedzenie w domu może być depresyjne. Ale lepsze to, niż chodzenie do pracy. Ja i ranne wstawanie, golenie się, czesanie! Nie, to nie dla mnie. Nie akceptuję tego codziennego biegania, tłoczenia się w autobusach, robienia zakupów. Zarabianie pieniędzy nie jest moim celem. Wolę życie biedniejsze, ale spokojne. Spanie, kiedy chcę. Ubieranie się, w co chcę. Jedzenie tego, co gotuje mama.

Lubię wieczorne czytanie książek, samotne rozmyślanie przy zapalonych świecach, słuchanie dobrej muzyki. Przecież zrozumienie polskości Fryderyka Chopina czy fascynowanie się filozofią Stanisława Brzozowskiego nie jest łatwe.

Nawet kochanie Grażyny nie sprawiło mi większej przyjemności. Ta jej wieczna dominacja. To chodzenie na kilometrowe spacery. Oglądanie sentymentalnych filmów. Pisanie wierszy. Kupowanie kwiatów. Bywanie u ciągle nowych znajomych. Zapraszanie gości. Penetracja wszystkich możliwych sklepów. To było zawracanie głowy i nic więcej. Nasze rozstanie znaczyło dla mnie wyzwolenie, wyzdrowienie. Ja nie mogę pozwolić sobie na marnowanie czasu. Na denerwowanie się z byle powodu. Mnie interesuje osiąganie wyższych celów. Dochodzenie do wewnętrznej doskonałości. Zrozumienie istoty bytu. Adoracja życia.

ĆWICZENIA

1

Proszę odpowiedzieć na pytania dotyczące tekstu.

1. Czy Błażej, bohater opowiadania, jest abstynentem?
2. Gdzie pracuje Błażej?
3. Czy Błażej lubi ranne wstawanie?
4. Kto Błażejowi gotuje obiady?
5. Czy Błażej zarabia dużo pieniędzy?
6. Co Błażej lubi robić najbardziej?
7. Czyje poglądy filozoficzne stara się zrozumieć Błażej?
8. Dlaczego Błażej rozstał się z Grażyną?
9. Czy Błażej marnuje dużo czasu?
10. Co interesuje Błażeja?

2

Wyrazy w nawiasach proszę podać w odpowiednich formach.

WZÓR: (kupować) – *kupowanie*

1. Szkoda mi czasu na (czytać)...................... twoich listów.
2. Ranne (wstawać)...................... nie może być przyjemne.
3. W naszym domu (sprzątać)...................... należy do męża.
4. Moim marzeniem było zawsze (studiować)................ fizyki.
5. W tej sytuacji (zachować)............... spokoju stało się trudne.
6. Każde (pożegnać)........................ bywa trochę smutne.
7. Modne (ubierać się).. .... mojej żony i córki kosztuje zbyt wiele.
8. Częste (pożyczać).. .... pieniędzy od przyjaciół jest kłopotliwe.
9. Codzienne (dojeżdżać).. .... do pracy zajmuje Arturowi dużo czasu.
10. (słuchać).. .... muzyki klasycznej zawsze sprawia mi przyjemność.

3

Wyrazy w nawiasach proszę podać w odpowiednich formach.
WZÓR: (dzielić) – *dzielenie*

1. Jan pracuje dla organizacji, której zadaniem jest (nieść) .... pomocy ludziom bezdomnym.
2. Dla wielu cudzoziemców (uczyć się) .... języka polskiego jest prawdziwą pasją.
3. Uważam, że (palić) .... papierosów stanowi duże zagrożenie dla zdrowia.
4. (myśleć) ...., że jajko było wcześniej niż kura, nie ma naukowego uzasadnienia.
5. W tym mieście (znaleźć) .... taniego mieszkania jest niemożliwe.
6. Maria złamała nogę i była skazana na długie (leżeć) .... w szpitalu.
7. Kocham Annę, ale częste (chodzić) .... na obiady do jej rodziców męczy mnie.
8. Jestem Polakiem, więc (jeść) .... bigosu jest moim narodowym obowiązkiem.
9. Mam nadzieję, że codzienne (siedzieć) .... w szkole nie stresuje mojego syna.
10. Nie dla wszystkich mężczyzn (golić się) .... jest przyjemnością.

4

Wyrazy w nawiasach proszę podać w odpowiednich formach.
WZÓR: (kichnąć) – *kichnięcie*

1. Tomek jest prawie łysy, więc (myć) .... włosów nie zajmuje mu dużo czasu.
2. Ze względów klimatycznych (pić) .... wina w Polsce nie jest tradycją.
3. W grudniu czekamy już na (przyjść) .... Nowego Roku.
4. Dzięki Annie moje (żyć) .... stało się wesołe i spokojne.
5. Czekam na (otworzyć) .... nowego teatru w naszym mieście.
6. (tyć) .... jest efektem jedzenia słodyczy i picia piwa.

7. Marek cierpi na bezsenność i (zasnąć) ....
.... sprawia mu sporo trudności.
8. (wziąć) .... udziału w igrzyskach olimpijskich jest pragnieniem każdego sportowca.

5

Wyrazy w nawiasach proszę podać w odpowiednich formach.
WZÓR: (penetrować) – *penetracja*

1. Pan Kowalski jest doskonałym specjalistą i żadna (rekomendować) .... nie jest mu potrzebna.
2. W naszym małżeństwie (dominować) .... Anny nigdy mi nie przeszkadzała.
3. Za miesiąc ma nastąpić (prezentować) .... nowego filmu Andrzeja Wajdy.
4. Pan Nowak zajmuje się chirurgią plastyczną. To bardzo modna dzisiaj (specjalizować się) ....
5. Jan kocha Annę, ale jego (adorować) .... nie sprawia jej przyjemności.
6. Afryka jest kontynentem, którego (kolonizowac) .... jeszcze dzisiaj ma swoje negatywne skutki.
7. W ostatnich latach (dewaluować) .... polskiej złotówki wyraźnie zmalała.
8. Kupiliśmy nowy komputer, ale jego (instalować) .... zajmie nam sporo czasu.
9. Nasz kwartet instrumentalny najchętniej grywa (wariować) .... znanych tematów muzyki jazzowej.
10. W czasie ostatniej wojny (okupować).......................... .... Polski trwała aż sześć lat.

6

Wyrazy w nawiasach proszę podać w odpowiednich formach.
WZÓR: (jeść) – *do jedzenia*

1. Kiedy rozmawiamy o fizyce jądrowej, moja żona nie ma nic do (powiedzieć) ....
2. Twoje prowokacyjne zachowanie daje nam dużo do (myśleć) ....
3. Ta muzyka absolutnie nie nadaje się do (słuchać) ....

4. Chętnie dam wam mój adres, ale nie mam niczego do (pisać) ....
....
5. Dlaczego kobiety uważają, że jest zawsze coś do (kupić) ....
....?
6. Odpocznę dopiero po (skończyć) ....
.... sesji egzaminacyjnej.
7. Po każdym (spotkać)............... z tobą jestem zdenerwowany.
8. Po intensywnym (opalać się)........... mam problemy ze skórą.
9. Czy nie bolą cię nogi po wczorajszym (tańczyć) ....?
10. Po długim (zastanawiać się)..................................
.... postanowiłem ci wybaczyć.

7

Wyrazy w nawiasach proszę podać w odpowiednich formach.
WZÓR: (boleć) – *ból*

1. Michał posiada (umieć) .... gry na cytrze.
2. Proszę o (móc) .... spotkania pani jeszcze raz.
3. Żeby podróżować po świecie, nie wystarczy tylko (chcieć) ....
....
4. Już od wielu lat (przyjaźnić) ....
.... z tobą jest dla mnie najważniejsza.
5. Polskiego klimatu nie cechują zbyt duże (wahać) ....
.... temperatury.
6. Zawsze marzył mi się (lecieć)......................... balonem.
7. Wieczorem chętnie idziemy na (spacerować) ....
8. To było tak dawno, a ja mam ciągle (żałować) .... do ciebie.
9. Myślę, że jesteś trochę za gruby, więc (ruszać się) ....
.... dobrze ci zrobi.
10. Od tygodnia męczy mnie (kaszleć) ....

8

Proszę podać czasowniki, od których pochodzą podane wyrazy.
WZÓR: (chłód) – *chłodzić*

1. transport ....
2. handel ....
3. start ....
4. brak ....
5. gwałt ....
6. skok ....
11. strach ....
12. zazdrość ....
13. ból ....
14. pamięć ....
15. brud ....
16. rozdział ....

7. płacz	17. druk ....
8. słuch	18. płyn ....
9. śpiew	19. unik ....
10. spór	20. uśmiech ....

9

Wyrazy w nawiasach proszę podać w odpowiednich formach.
WZÓR: (mówić) –*mówienie*

Wiem, że (palić) papierosów bardzo mi szkodzi. (pić) alkoholu też nie jest dobrym pomysłem. A ciągłe (siedzieć) w domu może być depresyjne. Ale lepsze to, niż (chodzić) do pracy. Ja i ranne (wstawać), (golić się), (czesać). Nie, to nie dla mnie. Nie akceptuję tego codziennego (biegać), (tłoczyć się) w autobusach, robienia zakupów. (zarabiać) pieniędzy nie jest moim celem. Wolę (żyć) biedniejsze, ale spokojne. (spać) kiedy chcę. (ubierać się) w co chcę. (jeść) tego, co gotuje mama.

Lubię wieczorne (czytać) książek, samotne (rozmyślać) przy zapalonych świecach, (słuchać) dobrej muzyki. Przecież (rozumieć) polskości Fryderyka Chopina czy (fascynować się) filozofią Stanisława Brzozowskiego nie jest łatwe.

Nawet (kochać) Grażyny nie sprawiło mi większej przyjemności. Ta jej wieczna (dominować). To (chodzić) na kilometrowe spacery. (oglądać) sentymentalnych filmów. (pisać) wierszy. (kupować) kwiatów. (bywać) u ciągle nowych znajomych. (zapraszać) gości. (penetrować) wszystkich możliwych sklepów. To było (zawracać) głowy i nic więcej. Nasze (rozstawać) znaczyło dla mnie (wyzwolić), (wyzdrowieć). Ja nie mogę pozwolić sobie na (marnować) czasu. Na (denerwować się) z byle powodu. Mnie interesuje (osiągać) wyższych celów. (dochodzić) do wewnętrznej doskonałości. (zrozumieć) istoty bytu. (adorować) życia.

Rzeczowniki odczasownikowe

– są tworzone od tematu czasu przeszłego czasowników niedokonanych i dokonanych
– do tematów tych dodaje się sufiksy lub skraca o zakończenie czasownika
– dodawane sufiksy to: **-anie** (gr-**a**-ć gr**anie**), **-enie** (myśl-**e**-ć myśl**enie**), **-cie** (mach-**ną**-ć mach-nię-**cie**), **-acja** (prezen-tować prezent-**acja**)
– skrócenie o zakończenie czasownika (atak-ować **atak**, pamięt-ać **pamięć**)
– dają możliwość zamiany wyrażenia czynności (czytać, pisać) na wyrażanie sytuacji (czytanie, pisanie)

ROZWIĄZANIA ĆWICZEŃ

1. DZIEŃ PANA ADAMA

Ćwicz. 2
1. kąpie się 2. płaczą 3. kupują 4. pijesz 5. całują 6. denerwujecie się 7. dyskutuję 8. gotujemy 9. pracuje 10. telefonuje

Ćwicz. 3
1. brakuje 2. możesz 3. pomożemy, pomożecie 4. pieką 5. jadę, jedzie 6. idę, idzie 7. żre 8. klną, klnę 9. pojmuję 10. pracuje

Ćwicz. 4
1. strzygę 2. wrze 3. dmie 4. tłuczemy 5. zapina 6. uciekają 7. drze 8. tnie

Ćwicz. 5
1. śmieje 2. dyskutują 3. telefonuję 4. pieką, kupują 5. żyją 6. czeszesz 7. pragnie 8. korespondujecie 9. biegnie 10. żyjesz, żyjemy

Ćwicz. 6
1. jedzie 2. jedzą 3. pracują 4. żartuję 5. całują 6. studiują 7. wieją 8. jadą 9. kładziemy

Ćwicz. 7
1. widzieć, patrzeć, oglądać 2. lamentować, łkać, szlochać 3. iść, biec, chodzić 4. demolować, niszczyć, dewastować 5. strzec, chronić, opiekować się 6. kąpać, czyścić, płukać 7. uczyć, kształcić, szkolić

Ćwicz. 8
1. wstaję 2. myję się, gimnastykuję 3. piję 4. całuję, idę 5. jadę 6. obserwuję, podróżują 7. pracuję 8. piszę, telefonuję 9. dyskutuję 10. śmiejemy się, żartujemy 11. planujemy, kierujemy 12. szanuje 13. czuję się 14. denerwuję się 15. brakuje 16. żyję 17. mogę 18. potrzebuję

2. CZY BOISZ SIĘ MYSZY?

Ćwicz. 2
1. lecą 2. leżycie 3. chodzimy 4. płacę 5. boisz się 6. marzy 7. patrzysz 8. prosi 9. wozi 10. śpisz

Ćwicz. 3
1. myślisz, myślę 2. widzisz 3. złości, złoszczę 4. stoisz, stoję 5. szumi, szumi 6. trafi 7. palę, palisz 8. jeżdżą, jeździ, jeżdżę 9. gubisz, gubię 10. goli się, golą się

Ćwicz. 4
1. należy 2. zależy 3. zależy 4. chodzi 5. chodzą 6. należy 7. chodzi 8. należy 9. należy

Ćwicz. 5
1. myślę 2. milczy 3. trafia 4. gubię 5. golą się 6. robi 7. gaszą 8. marzysz

Ćwicz. 6

1. boi się 2. złościcie się 3. wolę 4. widzicie 5. wierzymy 6. cierpimy, musimy 7. myśli 8. widzi

Ćwicz. 7

1. obserwować, widzieć, spoglądać 2. gadać, dyskutować, rozmawiać 3. pracować, działać, czynić 4. aprobować, popierać, akceptować 5. dotrzeć, znaleźć, odszukać 6. śnić, pragnąć, chcieć 7. tropić, poszukiwać, ścigać

Ćwicz. 8

1. stoisz 2. boję się 3. krzyczysz 4. wrzeszczę 5. słyszysz 6. musisz 7. proszę 8. robisz 9. robię, muszę 10. wolisz 11. kpisz 12. kpię 13. śmieszy 14. lubisz, cierpię 15. patrzę 16. zrobisz 17. myślę 18. widzę, bawisz 19. mówisz 20. robisz 21. boisz się 22. milczysz 23. wstydzę się

3. TAK CZY NIE?

Ćwicz. 2

1. czyta 2. czekasz 3. gramy 4. kocham 5. macie 6. da 7. pływa 8. pyta 9. wysiadają 10. zmuszają

Ćwicz. 3

1. słuchasz, zachwycamy się 2. witają, żegnają 3. dba, dbają 4. dokuczają, przepraszają 5. zmusza 6. naprawia, poświęca 7. sprzeczają się, rozmawiają 8. zamykasz, przeziębiamy się 9. opowiadasz, słuchają 10. używacie, szukamy

Ćwicz. 4

1. stawiam 2. umiera 3. rozmienia się 4. przekonam 5. znam, mam 6. sprzątam 7. słuchasz, pytasz 8. czekam, spóźniasz się

Ćwicz. 5

1. zbiera, podziwiamy 2. kochają, zachwycam 3. opowiada, słucham 4. znasz, znają 5. zamykacie 6. gra 7. czytają 8. wracają

Ćwicz. 6

1. dokucza 2. czytają 3. dba 4. zmusza 5. pyta 6. spóźniam 7. zapraszamy 8. wysiadacie

Ćwicz. 7

1. sprzątać 2. gotować 3. rozmawiać 4. myśleć 5. trafić 6. wymyślać

Ćwicz. 8

1. kocham 2. klękam 3. pytam 4. mam 5. znasz 6. masz, dam 7. gram 8. naprawiam 9. sprzątam 10. mam, sięgam 11. uciekam 12. stawiam 13. przyznasz, dbam 14. ubieram się 15. uprawiam 16. gram, pływam 17. znam się 18. czytam 19. zachwycam się 20. dokucza 21. znam 22. spotykam się 23. ma, czekam 24. zmuszasz 25. witasz 26. żegnasz 27. odpowiadasz 28. sprzeczasz się 29. zachwycasz się 30. zamykasz 31. powtarzam, kocham 32. przyznasz, stawiam

4. CZEGOŚ NIE ROZUMIEM

Ćwicz. 2
1. jedzą 2. wiesz 3. umiem 4. je 5. rozumiesz 6. wiem 7. śmiemy 8. umieją 9. śmiesz 10. wiecie

Ćwicz. 3
1. umie 2. śmie 3. wie, rozumie 4. je, jem 5. umie, wiem 6. rozumieją, rozumie 7. śmiem, śmie 8. umie, wiedzą

Ćwicz. 4
1. umiem, umiesz 2. wie 3. rozumiem, rozumieją 4. jedzą, je 5. śmiem 6. umiemy 7. wiem 8. wiem 9. śmiem 10. umiesz

Ćwicz. 5
1. jemy 2. wiem 3. umie 4. śmie 5. rozumiemy 6. jedzą 7. wiesz 8. umie

Ćwicz. 6
1. umiem 2. wiedzą 3. rozumieją 4. umiem (wiem, rozumiem) 5. śmiem 6. umiemy 7. wiemy

Ćwicz. 7
1. znam 2. wiem 3. śpię 4. śmiem 5. rozumiem 6. umiem 7. śmiem 8. wiem

Ćwicz. 8
1. je 2. wiem 3. umie 4. wie 5. śmiem 6. wiem 7. rozumiem 8. jem 9. jemy 10. umiemy 11. wiem 12. rozumie 13. śmiem 14. umiem 15. je 16. umie 17. jemy 18. wiedzą 19. rozumieją 20. jedzą 21. śmie 22. wiedzą 23. jedzą 24. jemy 25. umiemy 26. rozumiem

5. CHCIEĆ TO MÓC

Ćwicz. 2
1. mówić 2. kupić 3. pisać 4. palić 5. pracować 6. kochać 7. studiować 8. wracać 9. gotować 10. czekać 11. spać 12. telefonować 13. myśleć 14. przestać

Ćwicz. 3
1. mieszkać 2. jeść 3. być 4. jechać 5. iść 6. piec 7. nieść 8. biec

Ćwicz. 4
1. móc 2. chcieć 3. lubić 4. mieć 5. musieć 6. pragnąć 7. prosić 8. woleć 9. zamierzać

Ćwicz. 5
1. grać 2. jeść, pić 3. spieszyć się 4. zgodzić 5. umieć 6. uczyć się, zdać 7. rzucić 8. pamiętać 9. rozwiązać 10. rozmawiać

Ćwicz. 6
1. pisać 2. czytać 3. wspominać 4. szanować 5. śnić 6. jeść 7. lubić 8. kupować 9. spotykać się 10. mówić

Ćwicz. 7

1. być, pracować 2. uczyć się, studiować 3. czytać 4. jeździć 5. rozmawiać 6. kontaktować się 7. gadać, dyskutować 8. stawiać, szukać 9. wstydzić się, pytać 10. obserwować 11. próbować, eksperymentować, ryzykować 12. poznawać, rozumieć 13. wybrać, umieć, iść 14. pamiętać, marnować 15. zajmować się 16. pływać, grać 17. biec 18. spotkać, iść 19. jeść, pić 20. słuchać, tańczyć 21. unikać 22. pamiętać 23. kłaść się, móc, spać, odpoczywać 24. robić, 25. osiągać 26. pracować, funkcjonować 27. mieć

6. SZCZĘŚLIWE DZIECIŃSTWO JANKA

Ćwicz. 2

1. chciałem (chciałam), chcieli 2. miałeś, mieliśmy 3. leciał, lecieliście (leciałyście) 4. zapominała, zapominały 5. wisiał, wisiało 6. leżał, leżeli 7. patrzyłem (patrzyłam), patrzyli 8. musiałeś (musiałaś), musieli 9. wolałem (wolałam), woleliście (wolałyście) 10. śledziłem (śledziłam), śledziliście (śledziłyście)

Ćwicz. 3

1. jedliście (jadłyście), jadłem (jadłam) 2. znaleźli, znalazłeś (znalazłaś) 3. usiadł, usiedliśmy (usiadłyśmy) 4. przynieśli, przyniosłaś 5. wiódł, wiedli 6. zaplótł, plotły 7. chciał, chcieliście (chciałyście) 8. miałem (miałam), mieliście (miałyście)

Ćwicz. 4

1. wziął, wzięła 2. ziewnął, ziewnęła 3. płynął, płynęli 4. trzasnął, trzasnęły 5. klęknęła, klęknął 6. stanąłeś (stanęłaś), stanął 7. pragnął, pragnęła

Ćwicz. 5

1. chciał, chciała, chciałem 2. woleliście (wolałyście), woleliśmy (wolałyśmy), woleli 3. potrzebowały, potrzebowali 4. musiałem, (musiałam), musiało 5. mógł, mogła 6. pragnąłem (pragnęłam), pragnęło

Ćwicz. 6

1. chodziłem (chodziłam), 2. szedł 3. chodził 4. chodziło 5. chodziło 6. szła 7. chodziłem 8. szedł

Ćwicz. 7

1. miałem (miałam) 2. rozumieli 3. rozumiałem (rozumiałam) 4. stosował 5. stosowali 6. byli, był 7. miał 8. mieli 9. pracowali 10. pracował 11. wracał, byliśmy 12. siadaliśmy 13. siadałem (siadałam) 14. siadała 15. usiadła 16. gotowała 17. jedliśmy 18. jadłem (jadłam) 19. krzyknęła 20. krzyczeli 21. byłem (byłam), stałem (stałam) 22. było, stali 23. było 24. znaleźliśmy 25. znalazł 26. niósł 27 niosłem (niosłam), bałem się (bałam się) 28. wyzdrowiał, pofrunął 29. rozumiałem (rozumiałam), frunęliśmy 30. krzyknęliśmy 31. bawiliśmy się 32. bawił się 33. uczyłem się (uczyłam się) 34. uczyliśmy 35. miałem (miałam) 36. mieliście (miałyście)

7. DOBRA WRÓŻKA

Ćwicz. 2

1. będziemy czekać (czekali/ły) 2. będziecie oglądać (oglądali/ły) 3. będziemy oszczędzać (oszczędzali), będziemy zarabiać (zarabiali) 4. będzie pracować (pracował) 5. będą mieszkać (mieszkali) 6. będę kochać (kochał) 7. będą szanować (szanowały) 8. będziesz spotykać się (spotykała się) 9. będą mieć, miały 10. będę mówić (mówił/ła)

Ćwicz. 3

1. będziesz wiedzieć (wiedział/ła) 2. będzie mieć (miał) 3. będę móc (mógł) 4. będzie biec (biegł) 5. będzie piec (piekł) 6. będę 7. będziesz pić (pił/ła) 8. będziemy mieć (mieli) 9. będziesz kochać (kochała), będę mieć (miał) 10. będzie śpiewać (śpiewał)

Ćwicz. 4

1. będę mieć (miał/ła) 2. będę pragnąć (pragnął/nęła) 3. będę lubić (lubił/ła) 4. będzie mieć (miał) 5. będzie budować (budowała) 6. będę studiować (studiował/ła) 7. będę czytać (czytał/ła) 8. będzie mieszkać (mieszkała) 9. będzie spać (spał) 10. będzie jeść (jadł)

Ćwicz. 5

1. będziesz robić (robił) 2. będą decydować (decydowały) 3. będziesz przekraczać (przekraczał/ła) 4. będzie jeść (jadła) 5. będziemy telefonować (telefonowali/ły) 6. będziecie przeszkadzać (przeszkadzali) 7. będę pisać (pisał/ła) 8. będziemy mieć (mieli/ały) 9. będzie czesać (czesał) 10. będę prosić (prosił/ła)

Ćwicz. 6

1. będę myśleć (myślał/ła) 2. będzie mówić (mówił) 3. będziemy słuchać (słuchali/ły) 4. będzie czuć (czuł) 5. będę dotykać (dotykał/ła) 6. będziesz zmywać (zmywał/ła) 7. będę śmiać się (śmiał/ła się) 8. będę płakać (płakał/ła) 9. będzie hodować (hodował) 10. będziecie pamiętać (pamiętali/ły)

Ćwicz. 7

1. będziesz decydować (decydował) 2. będzie robić (robił) 3. będziesz musieć (musiał/ła) 4. będziesz mieć (miał/ła), będziesz robić (robił/ła) 5. będą awansować (awansowali) 6. będą jeździć (jeździli), będą żenić się (żenili się) 7. będą 8. będę mieć (miał/ła) 9. będziesz, będziesz 10. będziesz siedzieć (siedział/ła) 11. będziesz brać (brał/ła), będziesz spłacać (spłacał/ła) 12. będę walczyć (walczył/ła) 13. będziesz przegrywać (przegrywał/ła) 14. będzie prześladować (prześladował) 15. będziesz móc (mógł/mogła) 16. będzie spotykać (spotykało) 17. będziesz mieć (miał/ła), będziesz pragnąć (pragnął/nęła), będziesz móc (mógł/mogła) 18. będę pilnować (pilnował/ła) 19. będziesz móc (mógł)

8. GDYBY STAŁ SIĘ CUD

Ćwicz. 2

1. Gdybyś był/ła punktualny/a, nie musielibyśmy/ałybyśmy czekać na ciebie.
2. Gdybym umiał/ła gotować, zaprosiłbym/łabym was do siebie na obiad.

3. Gdybym miał/ła szczęście, dostałbym/łabym tę nową pracę w banku.
4. Gdyby Anna nie powtarzała zawsze, że jestem za gruby, nie byłoby mi przykro.
5. Gdybyś uczył/ła się zawsze przed egzaminem, nie musiałbyś/łabyś zdawać jeszcze raz.
6. Gdybyś jechał/ła do Tomaszowa, wybrałbym/łabym się z tobą.
7. Gdybyś sprzedawał/ła swój samochód, kupiłbym/łabym go.
8. Gdyby Adam był dobrym sąsiadem, żylibyśmy w zgodzie.
9. Gdyby pogoda nie była fatalna, zostalibyśmy w górach jeszcze dwa dni.
10. Gdyby pan Nowak lubił wydawać pieniądze, jego żona miałaby nowe futro.

Ćwicz. 3

1. ... chcielibyście tam wybrać się.
2. ... chciałbym bawić się cudzym kosztem.
3. ... chciałyby kupić sobie kilka sukienek.
4. ... chciałbym zjeść coś konkretnego.
5. ... chcielibyśmy spotkać się z wami.
6. ... chciałby nic nie robić i osiągać sukcesy.
7. ... chciałyby przeprowadzić się do Gdańska.

Ćwicz. 4

1. Czy moglibyście (mogłybyście) już spać?
2. Zosiu, ugotowałabyś coś na obiad.
3. Chciałbym zaprosić was do tej nowej restauracji.
4. Odwiedziłbyś nas jutro, Wojtku.
5. Odpowiedzielibyście (odpowiedziałybyście) na mój list.
6. Czy lubilibyście (lubiłybyście) moją teściową?
7. Mówilibyście (mówiłybyście) po polsku.
8. Czytalibyście państwo ten tekst.

Ćwicz. 5

1. Warto by kupić nową gitarę.
2. Warto by iść gdzieś potańczyć.
3. Warto by pić teraz więcej soków.
4. Warto by obejrzeć ten film.
5. Warto by zapamiętać cały tekst.
6. Warto by już o tym myśleć.

Ćwicz. 7

1. Gdybym był znanym pisarzem, czytano by moje książki.
2. Gdybym ustanowił nowy rekord świata, chwalono by mnie.
3. Gdybym zawsze wszystkim psuł humor, denerwowano by się na mój widok.
4. Gdyby on był kreatorem mody, nawet w Paryżu szyto by jego suknie.
5. Gdyby wykonawcy mięli dobry projekt, zaczęto by budować nowy stadion.
6. Gdyby to był doskonały produkt, kupowano by go masowo.
7. Gdyby Jola była fotogeniczna, fotografowano by ją.
8. Gdybyś opowiadał stare dowcipy, miano by cię dosyć.

Ćwicz. 9

1. gdyby, mógłbym 2. miałbym 3. wyglądałbym 4. zainteresowałyby 5. zależałoby, żeby 6. oddałbym 7. pomyślałabyś 8. zmieniłbym 9. przestałbym 10. zająłbym

11. przedstawiłbym 12. gdyby, przestaliby 13. byłbym, zapraszano by 14. rozmawiano by, pito by 15. wiedziano by 16. śmiano by 17. lubiano by, szanowano by 18. widziano by 19. zaproponowano by 20. dano by 21. zatrudniono by 22. mogło by 23. zarabiałbym 24. mógłbym 25. kupiłbym 26. wynająłbym 27. zdobyłbym 28. posyłałbym 29. zrozumiałaby 30. zgodziłaby 31. musiałby 32. gdyby

9. ZRÓBMY TO!

Ćwicz. 2
1. kupcie 2. zacznij 3. zapłać 4. mów 5. zaproście 6. spędźcie 7. daj 8. przestańcie

Ćwicz. 3
1. mów 2. budujmy 3. szanuj 4. ignorujcie 5. módl się 6. bójmy 7. pytaj 8. zastanów się 9. zgódź się 10. graj

Ćwicz. 4
1. Niech idą! 2. Niech kupi! 3. Niech jedzą! 4. Niech wejdzie! 5. Niech śpią! 6. Niech próbuje! 7. Niech słuchają 8. Niech patrzą! 9. Niech odpoczną! 10. Niech umiera!

Ćwicz. 5
1. Niech pan da mi spokój!
2. Niech pani zostanie ze mną!
3. Niech pan wróci jutro!
4. Niech państwo siadają tutaj!
5. Niech panie coś zjedzą!
6. Niech panowie jeszcze czekają!
7. Niech pan zacznie sam!
8. Niech pani kończy wreszcie!
9. Niech państwo myślą o nas!
10. Niech pani się wstydzi!

Ćwicz. 6
(propozycje)
1. To ucz się! 2. To zjedzcie coś! 3. To przestań palić! 4. To pomóż mi! 5. Ogól się! 6. Proszę wstań! 7. Zmień ją! 8. Umyj się! 9. Przeproś mnie! 10. Wyjdź za mnie (za mąż)!

Ćwicz. 7
1. schudnij 2. pytajcie 3. pij 4. zarób (pożycz) 5. mówcie 6. słuchaj 7. idź 8. dzwoń 9. krzycz, mów głośniej 10. milcz

Ćwicz. 8
1. czytaj 2. daj 3. chodźmy, zróbmy, poddajmy 4. włącz 5. miejmy 6. proś, marnuj, zaparz 7. zaparz, idź, sprzątnij, ugotuj 8. przesadzaj, zajmij 9. mów 10. pal, podnoś 11. złość 12. weź, idź 13. przestań, rób, przeszkadzaj 14. będzie 15. połóżmy 16. kładź 17. bój, powiedz 18. domyśl 19. poczekaj 20. zrób 21. zróbmy

10. LIST SENTYMENTALNY

Ćwicz. 2

1. Niecały obiad został przeze mnie zjedzony.
2. Nie tylko Anna jest kochana przez Adama.
3. Stary dom jest odnawiany przez państwa Nowakowskich.
4. Najwięcej zamieszania jest robione przez ciebie.
5. Toasty są wznoszone dzisiaj tylko za twoje zdrowie.
6. Wyłącznie twoje rady są słuchane przez Michała.
7. Takie idiotyczne pomysły nie są akceptowane przez nikogo.
8. Nieme filmy przez mało kogo są teraz oglądane.
9. Literatura popularnonaukowa jest czytana przez Mariusza najchętniej.
10. Przez kogo z nas jest lubiany Adam?

Ćwicz. 3

1. Pan jest zawsze przez nas mile widziany.
2. To był przez nikogo niepożądany incydent.
3. To nie jest jeszcze przemyślana przez was decyzja.
4. Nigdy nie byłem przez życie rozpieszczany.
5. Czy to spotkanie może być przełożone na jutro?
6. Anna nigdy nie będzie przez Adama zapomniana.
7. Nie wiem, czy będzie ci kiedyś znana odpowiedź.
8. Zawsze kiedy są zapraszani goście, Adam jest pomijany.

Ćwicz. 4

1. została ugotowana 2. jest spowodowany 3. jest oglądany 4. została zapomniana 5. są spotykane 6. jest urodzony 7. jest wychowana 8. jest niszczony 9. został znaleziony 10. jest przeznaczony

Ćwicz. 5

1. Chrzest został przyjęty przez Mieszka I w 966 roku.
2. Gniezno jest uznane przez Polaków za ich pierwszą stolicę.
3. Pierwsza unia między Polakami a Litwinami została zawarta w 1385 roku w Krewie.
4. Stolica została przeniesiona z Krakowa do Warszawy przez króla Zygmunta III Wazę w 1596 roku.
5. W historii Polski, najwięcej wojen było prowadzonych z Turcją, Rosją i Szwecją.
6. Wiedeń został ocalony przed Turkami przez króla Jana III Sobieskiego w 1683 roku.
7. Ostateczny rozbiór Polski został dokonany przez Rosję, Prusy i Austrię w 1795 roku.
8. Niepodległość została odzyskana przez Polskę w roku 1918, po 123 latach zaborów.
9. W czasie ostatniej wojny światowej Polska była okupowana przez hitlerowców przez sześć lat.
10. Własna historia jest z reguły dobrze znana Polakom.

Ćwicz. 6

1. zostanie przeczytany 2. będę zauważony 3. są podziwiane 4. jest niewypowiedziany 5. została odrzucona 6. zapomniane 7. zostały wypowiedziane, zostały spełnione 8. będę wyleczony 9. zostać wybaczony 10. został wybrany 11. byłem kochany

12. jestem całowany 13. została skończona 14. został stracony 15. zostałem obudzony 16. czuję się oszukany 17. jest organizowany 18. być wysłuchany i zrozumiany 19. będziesz oblegana 20. będzie dany 21. oddany

11. TRUDNO SIĘ ZDECYDOWAĆ

Ćwicz. 2

1. zrozumiem 2. spytał 3. zrobi 4. stracę 5. skończy 6. zgubić 7. zbuduje 8. zjem

Ćwicz. 3

1. zaczekać 2. pocałować 3. ugotować 4. wypić 5. nauczyć się 6. ogolił się 7. zagrasz 8. poszukaj 9. umyję 10. zanotować 11. oślepnie 12. nakarmić 13. wyschnie 14. usłyszę 15. pochwalcie 16. zaprowadzi

Ćwicz. 4

1. weźmiesz 2. dojdziecie 3. położysz 4. powiedzieć 5. włożyć 6. dołoży 7. odejść 8. odłożyć 9. opowiem 10. przyjdę 11. siedzieć 12. wejść 13. oglądać 14. znaleźć się 15. wyjeżdżaj 16. wjeżdżaj

Ćwicz. 5

1. spalił 2. poradzić 3. zagadasz 4. zaśpiewamy 5. zaniesiemy 6. zapaliła 7. zaproponował 8. zapukaj

Ćwicz. 6

1. zapytać 2. zrobić 3. zaśpiewać 4. zrezygnować 5. wymyśleć 6. pojechać 7. zdecydować 8. poradzić 9. ugotować 10. utyć 11. zmartwić 12. nauczyć 13. uczesać 14. ostrzyc 15. skończyć 16. ogolić 17. napisać 18. przeczytać 19. przeżyć

12. MÓW SOBIE, CO CHCESZ!

Ćwicz. 2

1. odpisać 2. zapiszę 3. napisał 4. opisać 5. wypisał 6. przepisać 7. dopisać 8. rozpisałem 9. podpisać 10. wpisać 11. popisać 12. spisać 13. przypisuje

Ćwicz. 3

1. poczytam 2. wczytać 3. doczytasz 4. rozczytałem 5. przeczytał 6. odczytanie 7. zaczytuje 8. przeczytał 9. wyczytałeś

Ćwicz. 4

1. dorobił 2. dorobić 3. narobić 4. narobić 5. nadrobić 6. obrobić 7. odrobić 8. porobić 9. podrobił 10. przerobić 11. rozrobić 12. urobić 13. urobiłem 14. wrobić 15. wyrobię 16. zrobić 17. zarobić

Ćwicz. 5

1. mówisz, wmówisz 2. zamówię, omówimy 3. pomówić 4. wymówić 5. umówmy 6. namówiłem 7. umówić 8. odmówić 9. mówić, przemówić 10. przymawiałeś 11. obmówili 12. zmówiło, namówić, rozmówić 13. odmówię 14. omówić 15. wmówić 16. przemówisz 17. umówić, odmówi

13. OPAMIĘTAJ SIĘ!

Ćwicz. 2

1. wyciec 2. przysłać 3. zostawać 4. wyłudzić 5. nagradzać 6. zamrażać 7. okradał 8. zmyć 9. ogrzewać 10. odczytywać 11. zachowywać

Ćwicz. 3

1. podpisał 2. umrzeć 3. opanowywać 4. zamalowywać 5. przepisać 6. odkrywamy 7. wysypiać się 8. wysiedzieć 9. wygrać 10. dokupować 11. podsłuchałem

Ćwicz. 4

1. przygotowywać 2. domalowywać 3. odpisywać 4. przemyśliwać 5. przypatrywać się 6. odsiadywać 7. okradać 8. dogadzać 9. wyduszać 10. ucierać 11. wymiatać 12. zasysać

Ćwicz. 5

1. dolecieć 2. dowiedzieć się 3. odkrzyknąć 4. podtrzymać 5. ogrzać 6. rozmyć 7. wyciec 8. przybyć 9. zawilgnąć 10. wymyślić 11. dotrzeć 12. zarobić

Ćwicz. 6

1. przygotowywać 2. przygotować 3. obiecywałeś, przypatrywać się, zacząłeś 4. – 5. zamiatać, zamieść 6. – 7. pozwalaliśmy, pozwolisz, otrzymywać, otrzymałeś, przelecą, przelatywać, odegrać, odgrywać, przypatrz się, wydymaj 8. wydmę 9. zaprosić, zapraszać, dowiadywać się, dowiedzieć się 10. opanuj się, uciekać 11. uciec, opanowywać, umrzeć, zmarnowałeś 12. umierać

14. POJADĘ JESZCZE DALEJ

Ćwicz. 2

1. pójdziesz 2. poszła 3. poszedł 4. poszedł 5. przychodzisz 6. poszedł 7. poszedłeś 8. przyszedłeś 9. pójdę

Ćwicz. 3

1. pojechał 2. przyjedzie 3. jeździcie 4. wyjechał 5. wjeżdża 6. dojedziemy 7. odjechał 8. przyjeżdżasz 9. odjeżdża 10. pojeździ

Ćwicz. 4

1. latać 2. przyleci 3. odleciały 4. przelatują 5. nadleciały 6. wylatuje 7. przeleciały 8. wleciał

Ćwicz. 5

1. przepłynąć 2. pobiegnie 3. przypływają 4. dobiegał 5. popływać 6. przybiegnie 7. pobiegać 8. wypłynął

Ćwicz. 6

1. wchodzi, wychodzi 2. przylatuje, odlatuje 3. wjechać, wyjechać 4. przyjeżdża, odjeżdża 5. przychodzi, odchodzi 6. przypłynęła, odpłynie 7. przychodziło 8. odbiega 9. dochodziła 10. dochodzi

Ćwicz. 7

1. pochodzę 2. dochodziłem 3. dobiegam 4. przeleciała 5. przychodzi 6. pojecha-

łem 7. poleciałem 8. popłynąłem 9. przepływają, przelatują 10. wchodzili, schodzili 11. przepłynąłem, pobiegłem 12. odlatuje, odjeżdża 13. dopłynąłem 14. przejadę, przelecę 15. przejdę, pospaceruję 16. polatam, pojeżdżę 17. popływam

15. LUBIĘ BYWAĆ

Ćwicz. 2

1. pisywał 2. jadam 3. bywa 4. sypiają 5. miewa 6. czytuje 7. widywać 8. pijać 9. grywam

Ćwicz. 3

1. mija 2. zbijasz 3. wracać 4. kupować 5. zarabia 6. obracać się 7. zajmował 8. zostawać 9. sprawiać 10. sprawdzam

Ćwicz. 4

1. lata 2. chadzają 3. pływać 4. biegać 5. ucieka 6. wraca 7. jeżdżą 8. mijają

Ćwicz. 5

1. mawiać 2. jeździć 3. siadywać 4. pisywać 5. kupować 6. jeść 7. grać 8. pić 9. stać 10. kichać

Ćwicz. 6

1. bywać 2. pijam 3. jadam 4. dawać 5. spotykam 6. mawiał 7. pozwalam, zarabiam 8. grywam 9. miewam 10. chadzam 11. czytuję 12. pisuję 13. jeżdżę 14. widuję 15. pływam, grywam 16. siadywać, sypiać 17. bywam, ubierać się 18. chadzać 19. pozwalam, odpoczywać 20. zajmować się 21. nadchodzą, wracam 22. oszukiwać 23. pijam 24. jadam 25. bywam 26. miewam 27. grywam

16. DO CZEGO DOSZŁO?

Ćwicz. 2

1. doczytam 2. dopiszę 3. dopalić 4. dogotowałaś 5. douczyć 6. dożyje 7. dopiję 8. doczekać

Ćwicz. 3

1. dobiec 2. donieść 3. dochodzę 4. dolecisz 5. dojdzie 6. dojechać 7. dopłynąć 8. dokończyć

Ćwicz. 4

1. dogonić 2. dodać 3. dodzwonić 4. dorównać 5. domalowałem 6. dokupię 7. dopasować 8. dolewaj

Ćwicz. 5

1. dobudować 2. dobrali 3. dofinansował 4. dogasa 5. dojrzeć 6. dokarmiali 7. dokroić 8. dokształca się 9. doliczyć 10. domyć 11. dopracować 12. doradzić 13. dorzucić 14. dosadzę 15. dostanę

Ćwicz. 6

1. dobiega 2. dodać 3. dojrzał 4. dokleił 5. dokona 6. doprosić 7. dopytać

8. doręcza 9. dorosnąć 10. dosłużył 11. dowieść 12. dotlenić

Ćwicz. 8

1. wypij 2. wypali 3. zjem 4. zrobił 5. napisała 6. ogolić 7. wysłuchać 8. doczekali 9. uprała 10. wysłał

17. JA SIĘ NIE NADAJĘ

Ćwicz. 2

1. najeść 2. nachodzić 3. nazbierać 4. napracować 5. narwała 6. naczytał się 7. nasiedziałem się 8. naprodukowali

Ćwicz. 3

1. napisał 2. nakleić 3. nagrzać 4. naleję 5. nadążyć 6. napić 7. nakłamał 8. narysuję

Ćwicz. 4

1. naradzić się 2. namówić 3. namydliłem 4. nakupujesz 5. napatrzeć 6. nacieszyć 7. nauczyć 8. napełnić

Ćwicz. 5

1. nabrudzili 2. nabył 3. nachylić 4. naciągną 5. nadać 6. nacierpiał 7. nadarzyła 8. nagrał 9. najechał 10. nakryć się 11. należy 12. nakarmić 13. nastałem 14. naśladuję 15. naśmiewała 16. naszczekać

Ćwicz. 6

1. nabrać 2. nabiła 3. nabrzmiewał 4. naciskaj 5. nagadać 6. nagromadziło się 7. najmuje 8. nakazać 9. nakładał 10. napadły 11. napływają

Ćwicz. 8

1. nauczyć 2. dotrzymać 3. zaprosić 4. wyrwać 5. dopisać 6. obchodzić 7. rozbiła 8. odkrył 9. przesłyszałem 10. wymówić 11. zamrozimy 12. przerośnie

18. DLACZEGO PŁACZESZ?

Ćwicz. 2

1. nadleciały 2. nadfrunął 3. nadjechała 4. nadciągnął 5. nadchodzi 6. nadbiegał 7. nadpłynęły

Ćwicz. 3

1. nadrobić 2. nadłamała 3. nadmienić 4. nadrobisz 5. nadesłał 6. nadsłuchiwać 7. nadpłaca 8. nadskakujesz

Ćwicz. 4

1. nadpleśniał 2. nadgryzły 3. nadpleśniał 4. nadrdzewiał 5. nadpalić

Ćwicz. 6

s-, po-, w-, na-, roz-, po-, po-, prze-, z-, u-, wy-, z-, za-, od-, po-, po-, wy-, po-, po-, u-, przy-, o-, z-

19. ZAWÓD JAK KAŻDY INNY

Ćwicz. 2

1. obsadził 2. objechałem 3. opłynął 4. otoczyć 5. opadał 6. opakować 7. obleciał 8. obklejam 9. obchodzi 10. osunęło się

Ćwicz. 3

1. okłamać 2. objedzą 3. ograłeś/łaś 4. oberwała 5. opłakiwaliśmy 6. obcięła 7. obedrę 8. obmówić 9. oprotestowali 10. obrzuciliśmy

Ćwicz. 4

1. opracowała 2. omówimy 3. opisać 4. obdarował 5. obdzwoniłem 6. obfotografował 7. obliczyć 8. obciążać

Ćwicz. 6

1. prze- 2. za- 3. za- 4. u- 5. prze- 6. za- 7. u-, roz- 8. prze- 9. prze- 10. wy- , s-

20. MUSIMY ODPOCZĄĆ

Ćwicz. 2

1. odprowadził 2. odleci 3. odbiegać 4. odnieść 5. odjedziemy 6. odfruwają 7. odwrócić 8. odchodzisz

Ćwicz. 3

1. odkupię 2. odpisać 3. odrosną 4. odpracuję 5. odespać 6. odpowiedzieć 7. odbudować 8. odbyłem 9. odmroziłem

Ćwicz. 4

1. odmówisz 2. oduczyć 3. odczytać 4. odczekam 5. odsłucham 6. odśpiewać 7. odsiedzieć

Ćwicz. 6

1. za- 2. po- 3. po- 4. do- 5. u- 6. wy- 7. przy- 8. z-

21. WYSTARCZY POPATRZEĆ

Ćwicz. 2

1. posłuchać 2. potańczymy 3. poczytasz 4. potrwa 5. poleżeć 6. pospacerować 7. posiedzimy 8. postał 9. pospał 10. porozmawiać

Ćwicz. 3

1. posypać 2. poweselała 3. pokochać 4. poplami 5. poczuł się 6. pojadę 7. popękała 8. popłynąć 9. pokrył 10. pobrudzić 11. poczekać 12. pomyśleć

Ćwicz. 4

1. pocałował 2. powitać 3. pożegnać 4. pobudzić 5. pochwalić 6. ponosisz

Ćwicz. 6

za-, wy-, po-, za-, od-, za-, za-, za-, za-, za-, przy-, prze-, za-, wy-, wy-, za-, za-, z-, za-, po-, po-, po-, po-, prze-, wy-, po-

22. WSZYSCY O MNIE MÓWIĄ

Ćwicz. 2

1. podpalić 2. podciąć 3. podpisać 4. podrzucę 5. podłączyć 6. podskoczył 7. podnieść

Ćwicz. 3

1. podsuszę 2. podgrzeję 3. poduczyć 4. podchwyciły 5. podrobić 6. podleczyć 7. podbudowały 8. podliczy 9. podsłuchać 10. podpatrzeć

Ćwicz. 4

1. podlać 2. podwieźć 3. podmył 4. podtrzymują 5. podgotować 6. podważyć 7. podprowadzę 8. podjedziemy 9. podpływają 10. podejdziemy

Ćwicz. 6

1. Nie, już się odkochałem.
2. Nie, już się nauczyłem.
3. Nie, już się nachorowałem.
4. Nie, już się naczekałem.
5. Nie, już się dopytałem.
6. Nie, już się napracowałem.
7. Nie, już się wyspałem.
8. Nie, już się nasłuchałem.
9. Nie, już wyleczyłem.
10. Nie, już wysprzątałem.

Ćwicz. 7

przy-, za-, do-, w-, wy-, o-, wy-, u-, za-, za-, u-, u-, po-, o-, o-, na-, o-, przy-, wy-, z-, za-, roz-, po-, prze-, wy-, po-, wy-, za-, u-, wy-, po-, po-, po-, przy-, wy-, po-

23. CZY NIE PRZESZKADZAM?

Ćwicz. 2

1. przegapić 2. przeczytałem 3. przeliczył 4. przechować 5. przeżyć 6. przepijają 7. przegrałem 8. przesiedział

Ćwicz. 3

1. przeprowadzić 2. przełożyć 3. przelała 4. przenieśli się 5. przejechałeś/łaś 6. przepiszesz 7. przewieźć 8. przejechał 9. przechodzą 10. przebudować

Ćwicz. 4

1. przeziębić 2. przeprosić 3. przepytał 4. przesoliłaś 5. przestać 6. przesadzić 7. przewidzieć 8. przesłyszałem

Ćwicz. 6

1. na-, wy- 2. za-, wy- 3. z-, na- 4. na-, roz-, wy- 5. po-, za- 6. po-, w- 7. u-, za-, na- 8. w-, prze- 9. przy-, do-

24. KOGO CI PRZYPOMINAM?

Ćwicz 2

1. przyfrunęły 2. przyleciał 3. przyjść 4. przykleisz 5. przybyło 6. przysunąć 7. przynieś 8. przychodził 9. przybiega 10. przyprowadź 11. przyjechać 12. przyszyć

Ćwicz. 3

1. przygotować 2. przypudrować 3. przytrzymać 4. przypatrzeć 5. przyciskam 6. przysłuchuję się 7. przysłużysz 8. przyuczył 9. przypal

Ćwicz. 4

1. przyjechać 2. przywitać 3. przypodobać 4. przymawiać 5. przytrzeć 6. przytknąć 7. przyprószyć 8. przygotować

Ćwicz. 6

1. na- 2. do- 3. za- 4. za-, przy- 5. do-, przy- 6. do- 7. za- 8. do- 9. po-, roz- 10. za- 11. po- 12. na- 13. przy- 14. za-, u-

25. NIE ROZDZIERAJMY SZAT

Ćwicz. 2

1. rozjechali się 2. roztopił 3. roznosi się 4. rozstać 5. rozleciał 6. rozbiegły 7. rozlała 8. rozchodzić

Ćwicz. 3

1. rozszerzył 2. rozmnożyć 3. rozkupili 4. rozdawał 5. rozchorowałem 6. rozwiązać 7. rozmyśla 8. rozerwała 9. rozbuduje 10. rozbił

Ćwicz. 4

1. rozerwać 2. rozwidniać 3. rozjaśniać 4. rozgadał 5. rozgrzać 6. rozkochać 7. rozpromienia 8. rozwodzić 9. rozmył 10. roznosić

Ćwicz. 6

1. ująć 2. wyjąć 3. zająć 4. podjąć 5. przyjąć 6. pojąć 7. nająć 8. objąć 9. odjąć 10. przejąć

26. NIE BĘDĘ UDAWAŁ

Ćwicz. 2

1. uczesać 2. ugotować 3. ukarał 4. uprać 5. umyj 6. uprosić 7. uszedł 8. usunąć

Ćwicz. 3

1. uszyć 2. ustać 3. urobić 4. ukochałem 5. ubawić 6. upatrzyła 7. używa 8. uśmiali się 9. utonął

Ćwicz. 4

1. utył 2. usnąć 3. ubyło 4. uzbierać 5. uleżeć 6. udają 7. ukroisz 8. usiedzieć 9. uszanować 10. uwierzyć

Ćwicz. 6
1. ogląda 2. oglądała 3. wygląda 4. zagląda 5. podglądać 6. dogląda 7. przyglądać 8. przyglądał 9. przeglądać

27. WCIĄGAJĄCY ZAWÓD

Ćwicz. 2
1. wsiadaj 2. wpłynął 3. wejść 4. wleciał 5. wjechać 6. wbiegł 7. wlał 8. wstali
Ćwicz. 3
1. wdrapać się 2. wczytać 3. wpadł 4. wcelowała 5. wprosił 6. wdał 7. wczuć 8. wpisać 9. wepchnąć 10. wkręcił
Ćwicz. 4
1. wsadziła 2. wskoczyć 3. wpoili 4. wciera 5. wgrał 6. wrobić 7. wmówić 8. wsłucha
Ćwicz. 6
1. po- 2. po- 3. za- 4. za- 5. za- 6. wy- 7. wy- 8. wy- 9. od- 10. od- 11. od- 12. do- 13. na- 14. na- 15. pod- 16. w- 17. ob- 18. z- 19. u- 20. ob- 21. przy-

28. MĘŻCZYZNA, KTÓRY WYBUCHA

Ćwicz. 2
1. wyspać 2. wysuszyć 3. wybiegł 4. wyrywać 5. wyrzucał 6. wypisał 7. wypłynął 8. wyciągać
Ćwicz. 3
1. wyleczy 2. wygrać 3. wyprosi 4. wylizał 5. wypłacze 6. wytruć 7. wykończył 8. wytrwał 9. wymówił 10. wyrzeźbić
Ćwicz. 4
1. wybrał 2. wypali 3. wyprodukowano 4. wygospodaruję 5. wydała 6. wymyśl 7. wygadała 8. wypiję 9. wydał 10. wykonała 11. wysłuchaj
Ćwicz. 6
1. nalegajcie 2. podlega 3. zalegam 4. ulegać 5. polegać 6. poległ 7. dolega 8. przylega 9. wyległy 10. uległo

29. JUŻ TUTAJ ZOSTANĘ

Ćwicz. 2
1. zgubiłem 2. zbić 3. zjeść 4. zszyć 5. złączył 6. zmyć 7. zdziwił 8. zrobić
Ćwicz. 3
1. zwracać 2. zwrócił 3. schodzi 4. zejść 5. zjeździł 6. zjechał 7. zbiegał 8. zbiegł 9. zleciało 10. sfrunął

Ćwicz. 4
1. skończył 2. zgolił 3. zmówiło 4. schowała 5. zmarnował 6. zbywa 7. spisał 8. zbudować 9. zwariować 10. złamała

Ćwicz. 6
1. prze- 2. po- 3. po- 4. na- 5. przy-, od- 6. u- 7. u- 8. z- 9. z- 10. po- 11. z-

30. DLACZEGO ZAPOMINAMY?

Ćwicz. 2
1. zakopać 2. zaprzestały 3. zaciąć 4. zapłakał 5. zahamować 6. zamówiłem 7. zaszkodzić 8. zaofiarowała

Ćwicz. 3
1. zasłuchali 2. zabudowali 3. zabolało 4. zachorował 5. zarosnąć 6. zasiedziałem 7. zabrnął 8. zabłysnął 9. zagrzebał 10. zapragnie

Ćwicz. 4
1. zaśmiałem 2. zanudzimy 3. zamieszkać 4. zabrudził 5. zalał 6. zastrzelić 7. zapowiedział 8. zagapiła 9. zaziębię 10. zagotowała

Ćwicz. 6
przy-, wy-, wy-, po-, za-, za-, za-, po-, prze-, roz-, za-, przy-, wy-, po-, przy-, na-, do-, prze-, za-, na-, przy-

31. KIEDYŚ BYŁO INACZEJ

Ćwicz. 2
1. kochano 2. napisano 3. pracowano 4. myślano 5. grano 6. dyskutowano 7. tolerowano 8. kupowano 9. pytano 10. wystawiano

Ćwicz. 3
1. mówiono 2. zaproszono 3. przywieziono 4. noszono 5. tańczono 6. postanowiono 7. zgodzono 8. zrobiono 9. sprzedano 10. zabroniono

Ćwicz. 4
1. zaczęto 2. umyto 3. wypito 4. zabito 5. zamknięto 6. przesunięto 7. odkryto 8. uszyto

Ćwicz. 5
było, pomagano, myślano, bawiono się, tańczono, śpiewano, lubiano, pito, żyło, pracowano, patrzono, jeździło, podróżowało, zostawało, wychowywało, gotowało, jedzono, pieczono, robiono, budowano, pisano, było, czytano, chodzono, widziało, śpi, zmienia się

32. TWÓJ KOCHAJĄCY MĄŻ

Ćwicz. 2

1. pracujących 2. mieszkający 3. lubiącym 4. biorących 5. studiujących 6. palących 7. śpiącej 8. śpiewających 9. mówiący 10. spacerujących

Ćwicz. 3

1. mijający 2. jadący 3. pachnący 4. rosnące 5. rozmawiające 6. interesująca 7. denerwująca 8. stojąca

Ćwicz. 4

1. padający 2. grający 3. ubierające się 4. wiszący 5. tańczący 6. oglądający 7. ucząca się 8. badający

Ćwicz. 5

zachwycająca, patrząca, gotująca, sprzątająca, czekająca, niekończącym się, niepytające, fascynujący, będący, wydającą, myśląca, rozumiejąca, zarabiającym, oszczędzająca, mijający, życzący, nie mającym, mieszkająca, starzejąca się, decydujący, interesujący, mający, lubiący, znaczący, kochający

33. NIE JESTEM ZADOWOLONY

Ćwicz. 2

1. ubrana 2. zakochany 3. przemyślany 4. usłyszany 5. uczesany 6. wychowywane 7. czytana 8. zbadane 9. namalowany 10. przygotowany 11. rozwiązany 12. grane

Ćwicz. 3

1. nakręcony 2. spóźniający się 3. zaproszony 4. opalony 5. ozdobiony 6. ogolony 7. zadowolony 8. pieczona 9. zamyślony 10. zamówiony

Ćwicz. 4

1. uśmiechnięty 2. wypoczęty 3. zmoknięta 4. zamknięty 5. dęty 6. umyte 7. rozbity 8. rozpoczęty 9. podarty 10. otwarte

Ćwicz. 5

zadowolony, zmęczony, przypalony, zrobiony, niesprzątany, niemyte, nieprasowane, zdenerwowany, zajęty, zakochana, ubrana, umeblowane, kupiony, oszukany, wychowany, zapłakana, omówiony, noszony, chwalony, kochany, szanowany, karmiony

34. ZAPOMINAJĄC O WSZYSTKIM

Ćwicz. 2

1. pisząc 2. goląc się 3. czytając 4. czesząc się 5. paląc 6. myśląc 7. grając 8. wracając 9. czekając 10. śpiąc 11. zdając 12. idąc

Ćwicz. 3

1. umywszy się 2. podpisawszy 3. skończywszy 4. spojrzawszy 5. zrobiwszy 6. kupiwszy 7. usłyszawszy 8. zamknąwszy

Ćwicz. 4

1. przyjechawszy 2. przyleciawszy 3. usiadłszy 4. obudziwszy się 5. wyspawszy się 6. umeblowawszy

Ćwicz. 5

1. będąc 2. zostając 3. przestając 4. pomagając

Ćwicz. 6

czekając, spacerując, spoglądając, pijąc, paląc, włączywszy, uspokoiwszy się, siadając, zapomniawszy, śmiejąc się, krzycząc, zobaczywszy, mając, widząc, zarabiając, kibicując, zrozumiawszy, straciwszy, wstając, kopiąc, czekając, znalazłszy się, wracając

35. ZAWRACANIE GŁOWY

Ćwicz. 2

1. czytanie 2. wstawanie 3. sprzątanie 4. studiowanie 5. zachowanie 6. pożegnanie 7. ubieranie się 8. pożyczanie 9. dojeżdżanie 10. słuchanie

Ćwicz. 3

1. niesienie 2. uczenie się 3. palenie 4. myślenie 5. znalezienie 6. leżenie 7. chodzenie 8. jedzenie 9. siedzenie 10. golenie się

Ćwicz. 4

1. mycie 2. picie 3. przyjście 4. życie 5. otwarcie 6. tycie 7. zaśnięcie 8. wzięcie

Ćwicz. 5

1. rekomendacja 2. dominacja 3. prezentacja 4. specjalizacja 5. adoracja 6. kolonizacja 7. dewaluacja 8. instalacja 9. wariacja 10. okupacja

Ćwicz. 6

1. powiedzenia 2. myślenia 3. słuchania 4. pisania 5. kupienia 6. skończeniu 7. spotkaniu 8. opalaniu się 9. tańczeniu 10. zastanowieniu się

Ćwicz. 7

1. umiejętność 2. możliwość 3. chęć 4. przyjaźń 5. wahanie 6. lot 7. spacer 8. żal 9. ruch 10. kaszel

Ćwicz. 8

1. transportować 2. handlować 3. startować 4. brakować 5. gwałcić 6. skakać 7. płakać 8. słuchać 9. śpiewać 10. spierać się 11. straszyć 12. zazdrościć 13. boleć 14. pamiętać 15. brudzić 16. rozdzielić 17. drukować 18. płynąć 19. unikać 20. uśmiechać się

Ćwicz. 9

palenie, picie, siedzenie, chodzenie, wstawanie, golenie się, czesanie, biegania, tłoczenia się, zarabianie, życie, spanie, ubieranie się, jedzenie, czytanie, rozmyślanie, słuchanie, rozumienie, fascynowanie się, kochanie, dominacja, chodzenie, oglądanie, pisanie, kupowanie, bywanie, zapraszanie, penetracja, zawracanie, rozstanie, wyzwolenie, wyzdrowienie, marnowanie, denerwowanie się, osiąganie, dochodzenie, zrozumienie, adoracja